Dr. Armin Grunewald

Die Öl-Eiweiß-Kost nach Dr. Johanna Budwig

Knaur
MensSana

Dr. Armin Grunewald

Die Öl-Eiweiß-Kost nach Dr. Johanna Budwig

Omega-3 – die stärkste Waffe gegen Krebs und andere Zivilisationskrankheiten

Inhalt

Die Öl-Eiweiß-Kost nach Dr. Johanna Budwig 6

Die Rezepte: Öl-Eiweiß-Köstlichkeiten 26

Die Öl-Eiweiß-Kost

nach Dr. Johanna Budwig

Vorwort

Vor mehr als einem halben Jahrhundert fasste meine Tante Dr. Johanna Budwig rund 160 Rezepte der von ihr entwickelten gesunden Öl-Eiweiß-Kost in einem Buch zusammen. Damals ein Konzept mit Seltenheitswert – denn den Gesundheitsaspekt beim Kochen in den Vordergrund zu rücken, war alles andere als üblich. Und trotzdem (oder gerade deshalb): Ihr Werk mit dem Titel »Öl-Eiweiß-Kost« fand großen Absatz und wurde bis zum heutigen Tag mehr als 350.000-mal verkauft.

Mittlerweile füllen Tausende Ernährungsratgeber die Regale in den Buchhandlungen. Für den Laien wird es immer schwerer, den Überblick zu behalten. Brauchen wir also wirklich noch eine Neuausgabe dieses speziellen Gesundheitskochbuchs? Diese Frage habe ich mir als Verwalter des Erbes meiner Tante nachdrücklich gestellt, um sie dann mit einem überzeugten Ja zu beantworten.

Ja, weil in dieser Rezeptsammlung viel vom enormen Gesundheitswissen meiner Tante steckt. Wenige haben so Grundlegendes zum Thema Fettsäuren so früh gedacht und veröffentlicht wie sie. Inzwischen sind viele ihrer Prognosen und Thesen wissenschaftlich bestätigt – so zum Beispiel die gesunde Wirkung von Linol- und Linolensäure oder die Gesundheitsrisiken von Transfettsäuren. Dieses Buch macht das Gedankengut meiner Tante über die Theorie hinaus für jeden Menschen nutzbar.

Für die Neuausgabe entschied ich mich auch deshalb, weil das Original einer Modernisierung bedurfte. Schließlich haben sich die Ernährungsgewohnheiten der Menschen und das Nahrungsangebot in den vergangenen Jahrzehnten dramatisch verändert. So präsentieren uns die Supermärkte heute von der holländischen Gewächshaustomate über die Erdbeere aus Israel bis hin zu fremden Früchten aus fernen Ländern zu jeder Jahreszeit eine ungeheure Obst- und Gemüseauswahl. Auch die Nahrungsmittelindustrie entwickelt Exotisches und bisweilen vor allem Befremdliches. Genmanipulierte Lebensmittel, Farbstoffe, Konservierungsstoffe, Emulgatoren und Pestizide in der Produktion machen immer wieder Schlagzeilen und verstärken die Sorge, dass uns unsere Nahrung krank machen könnte. Immer noch werden Lebensmittel mit einem hohen Anteil riskanter Stoffe vertrieben und die Verbraucher nur unzureichend informiert.

Einen alten Wissensschatz bewahren und ihn zusätzlich mit neuen Kenntnissen anreichern – aus diesen beiden Gründen habe ich mich entschlossen, ein modernes Kochbuch zum richtigen Umgang mit hochungesättigten Fetten zu erarbeiten. Dafür habe ich die Lehre meiner Tante ebenso intensiv studiert wie ich den aktuellen Stand der Forschung verfolge. Denn in meiner 30-jährigen Tätigkeit als Arzt habe ich Dutzende Ernährungsratgeber gesehen, die halbherzig oder unrichtig mit aktuellen wissenschaftlichen Erkenntnissen umgegangen sind. Als Beispiel sei nur die Empfehlung für Herzkranke genannt, Pflanzenmargarine statt Butter zu verzehren – wobei nicht darauf hingewiesen wurde, dass Margarine gefährliche Transfettsäuren enthalten kann.

»Ich bin überzeugt, dass die Öl-Eiweiß-Kost Erstaunliches leistet – beispielsweise bei der Vorsorge gegen Krankheiten wie Diabetes und Krebs.«

Dr. Armin Grunewald

Unbestritten ist, dass sich viele unserer Zivilisationskrankheiten eindämmen ließen, wenn wir unsere Ernährung auf möglichst naturbelassene Grundstoffe umstellen würden. Eine Erkenntnis, die bereits meine Tante gehabt und in ihrem Kochbuch konsequent umgesetzt hat. Auch ich bin davon überzeugt, dass die Öl-Eiweiß-Kost Erstaunliches leistet, beispielsweise bei der Vorsorge von Krankheiten wie Arteriosklerose, Diabetes und Krebs. Nachgewiesen ist der große Nutzen bei der Verhinderung eines Herzinfarkts nach Koronarerweiterung oder Bypassoperation. Zudem wird das Immunsystem bei Allergien, Neurodermitis und Rheuma gestärkt. Aber auch für gesunde Menschen ist die Kost eine Wohltat. Sie sorgt dafür, dass wir uns vitaler und leistungsfähiger fühlen und einfach mehr Lebensfreude spüren!

Ich wünsche Ihnen von Herzen, dass dieses Buch Ihnen Appetit auf eine ausgewogene Ernährung macht und somit einen Beitrag zum Erhalt Ihrer Gesundheit leistet.

Dr. med. Armin Grunewald
Oldenburg, im Frühjahr 2008

Dr. Armin Grunewald

Der Budwig-Neffe

Dr. Armin Grunewald wuchs als Waise bei seiner Tante Dr. Johanna Budwig auf und ist schon von frühester Kindheit an aufs Engste mit ihren Thesen vertraut. Aufbauend auf dem Wissen seiner 30-jährigen Erfahrung als niedergelassener Arzt setzt sich der Allgemeinmediziner dafür ein, ihr wissenschaftliches Erbe einer breiten Öffentlichkeit zugänglich zu machen. Dabei erweiterte der 54-Jährige ihre Thesen um neue Ergebnisse der Forschung. Für das vorliegende Buch arbeitete er mit Spitzenkoch Carsten Kindermann an einer zeitgemäßen Umsetzung der alten Rezepte.

Das Original:
Dr. Budwigs Öl-Eiweiß-Kost

Omega-3 – so heißt das Zauberwort der Öl-Eiweiß-Kost von Dr. Johanna Budwig: Diese wertvolle essenzielle Fettsäure ist in großen Mengen im Leinöl enthalten und kann im wahrsten Sinne des Wortes zu einer Frischzellenkur verhelfen. Sind Abermillionen Zellen neu aktiviert, ist der menschliche Organismus gut geschützt gegen Krankheiten und voller Energie und Lebenskraft.

Vor gut 50 Jahren noch war sich die Wissenschaft einig und sicher: Fett ist ungesund für Gefäße und Herz. Und zwar Fett im Allgemeinen und tierisches Fett im Speziellen. Erst als bei einer Grönland-Expedition ein Forscherteam die Ernährungsgewohnheiten der Inuit untersuchte, kamen erste Zweifel auf: Denn obwohl die Inuit tagaus, tagein ausschließlich rohen, fetten Fisch, Robben- und Walfleisch aßen, ging es ihnen wunderbar – sie litten sogar extrem selten an Herz-Kreislauf-Erkrankungen.

Omega-3-Fettsäuren im Fisch

Die wissenschaftliche Bestätigung dessen, was Dr. Johanna Budwig bereits damals prognostizierte, kam erst vor wenigen Jahren: Der Grund für die starken Herzen der Eskimos liegt im Fisch selbst – und zwar in den in ihm enthaltenen Omega-3-Fettsäuren.

Insbesondere Kaltwasser-Meeresfische bergen hiervon besonders viele. Die Fische wiederum bekommen den gesunden Stoff auch über ihre Ernährung: Ihre Lieblingsspeise, verschiedene Algen- und Planktonarten, hat sich im Laufe der Evolution den kalten Temperaturen im Polarmeer angepasst und die Omega-3-Fettsäuren als eine Art Frostschutzmittel benutzt. Die Kleinstlebewesen bauen extrem viele der langkettigen ungesättigten Fettsäuren in ihre Zellwände ein, was diese auch bei Minusgraden noch flexibel und geschmeidig hält. Und eigentlich ist die Wirkung bei uns Menschen ganz ähnlich: Omega-3 macht das Blut flüssig und wirkt zudem entzündungshemmend.

Die positiven Wirkungen auf die Gesundheit

Mittlerweile belegen zahlreiche Forschungsergebnisse den positiven Nutzen von Omega-3. Es senkt unter anderem das Herzinfarktrisiko und kann chronisch entzündliche Erkrankungen wie Rheuma, Allergien oder Autoimmunerkrankungen verbessern. Man fand auch heraus, dass es eine große Rolle bei der Gehirnentwicklung und Sehkraft von Säuglingen spielt. Daher sollten gerade schwangere Frauen auf eine ausreichende Zufuhr der Fette achten.
Erörtert wird darüber hinaus, ob Omega-3-Fettsäuren unterschiedliche psychische und neurologische Erkrankungen lindern.

Leinsamen, Öl und Omega-3

Es bringt Frische in jede einzelne Körperzelle – Leinöl ist eines der gesündesten Pflanzenöle überhaupt. Doch woher kommt das goldgelbe Wunder, und worin liegt die enorme Wirkkraft der Öl-Eiweiß-Kost?

Der Lein wurde 2005 zur Heilpflanze des Jahres gekürt, denn das aus ihm gewonnene Leinöl ist von hoher ernährungswissenschaftlicher Bedeutung und gesunder Wirkung. Früher wurde Lein in Deutschland vor allem wegen seiner Bastfaser, des Flachs, kultiviert.

Als die Textilindustrie auf Baumwolle und synthetische Fasern umstellte, verschwanden die Flachsfelder nahezu aus unserer Landschaft. Heute sind die blauen Blütenmeere der Leinpflanzen wieder häufiger zu sehen, der Lein erlebt eine überraschende Renaissance: Denn der Bedarf an seinem gesunden Öl steigt stark.

Goldgelbe Gesundheit

Die Heimat der Leinpflanze (Linum usitatissimum) ist nicht eindeutig geklärt. Es gibt rund hundert unterschiedliche Arten, die hauptsächlich in den gemäßigten und subtropischen Gebieten aller Erdteile vorkommen, besonders in der Mittelmeerregion sowie auf der nördlichen Halbkugel. Zu den Hauptanbaugebieten zählen heute Amerika, Kanada, China und Russland. Hinzu kommen im kleineren Ausmaß Holland, Belgien und Deutschland.

Die Ölleinpflanze wird im Frühjahr ausgesät und wächst auf eine Höhe von 50 bis 60 Zentimeter. Sie hat schmale, längliche Blätter. Ihre Blüte besteht aus fünf hell-

blauen Blütenblättern mit blauen Staubbeuteln. Die Samenanlage ist eine erbsengroße Kapsel, die zwischen sechs und zehn Samen enthält. Die Leinpflanze wird gemäht und der Samen aus der Kapsel gedroschen. Bei traditioneller Herstellungsweise hat das Öl eine klare, goldgelbe Färbung und einen nussigen Geschmack.

Auf den Lein gegangen

Bereits in der Antike verwendete Hippokrates, der berühmteste Arzt seiner Zeit, Leinöl als Heilmittel. Im Leinöl steckt die essenzielle Fettsäure Omega-3, wichtig für Aufbau und Funktion der Zellmembran sowie biochemische Vorgänge in der Zelle. Der »Omega-3-König« Leinöl tut generell jedem Menschen gut und das ohne bekannte Nebenwirkungen. Besonders empfiehlt es sich bei Schwangeren und stillenden Müttern, die einen erhöhten Omega-3-Bedarf haben. Auch bei verschiedenen Krankheitsbildern wie koronare Herzkrankheit, Arteriosklerose, Diabetes mellitus oder Schlaganfall zeigt Leinöl sehr positive Effekte.

Die Öl-Eiweiß-Kost

Die Öl-Eiweiß-Kost wurde von der wissenschaftlichen Visionärin Dr. Johanna Budwig vor mehr als fünfzig Jahren konzipiert. Sie steht heute für eine Abkehr vom Functional Food. Die Budwig-Produkte enthalten keinerlei Zusatzstoffe und verzichten gänzlich auf manipulierte Fette, Zucker und Eiweiße. Zudem sind sie arm an gesättigten Fetten und frei von schädlichen Transfettsäuren. Ihr größter Vorteil: Die essenziellen Fettsäuren Omega-6 und Omega-3 liegen – so wie von führenden Ernährungsgesellschaften empfohlen – im Verhältnis von 5 : 1 vor. Dies wird durch das Leinöl erzielt, den wichtigsten Bestandteil der Öl-Eiweiß-Kost. Das Verhältnis von Omega-3 zu Omega-6 in diesem Pflanzenfett beträgt 1 : 1 – und ist damit deutlich ausgeglichener als in allen anderen Pflanzenfetten. Mit den darüber hinaus in der Öl-Eiweiß-Kost enthaltenen pflanzlichen Omega-6-Fettsäuren wird letztlich das empfohlene Verhältnis von 5 : 1 erzielt. Zum Vergleich: In der heutigen westlichen Ernährungsform liegt das reale Verhältnis im Durchschnitt bei 20 : 1.

Forscherin mit Weitblick

Dr. Johanna Budwig ist heute weltweit aufgrund der von ihr konzipierten Öl-Eiweiß-Kost bekannt. Der für den Nobelpreis nominierten Wissenschaftlerin gelang erstmals die Isolierung der Alpha-Linolensäure. Zudem deckte sie die schädliche Wirkung von Transfetten auf.

Johanna Budwig wurde 1908 geboren und wuchs im Waisenhaus der Diakonissenanstalt Kaiserswerth auf. Nach dem Abitur studierte sie in den 30er Jahren in Königsberg und Münster Pharmazie, wobei ihr Interesse an der Fettchemie erwachte. Nach ihrer Promotion erlebte die junge Frau die Wirren des Zweiten Weltkriegs in Kaiserswerth, anschließend bewarb sie sich am Institut für Fettforschung in Münster, um weiter wissenschaftlich zu forschen. Für Dr. Johanna Budwig hatte ein Fett eine ganz besondere Bedeutung – das Leinöl: »Mir ist kein Fett bekannt geworden, das die außergewöhnlich günstige, intensive Wirkung des Leinöls erreicht«, sagte sie. Damals machte die talentierte Chemikerin einen gewaltigen Karrieresprung, als ihr als erster Wissenschaftlerin die Trennung der Alpha-Linolensäure (die charakteristische Fettsäure des Leinöls) gelang. Eine wissenschaftliche Leistung, die sich herumsprach: In der darauffolgenden Zeit arbeitete sie als Obergutachterin für Arzneimittel und Fette im Auftrag der Bundesministerien.

Eine folgenschwere Entdeckung

In den 50er Jahren machte Dr. Budwig die Entdeckung, dass Transfettsäuren, die durch die Technik der Fetthärtung in der Margarineherstellung entstehen, Krebs- und Kreislauferkrankungen auslösen oder verschlechtern. Die beruflichen Konsequenzen dieser Entdeckung waren negativer Natur: Der Institutsleitung missfielen die Forschungsergebnisse, die Akademikerin musste das Institut verlassen. Und auch andere Institute wollten sich mit der streitbaren Wissenschaftlerin nicht belasten. Damit blieben ihr allein der Weg ins Privatgelehrtendasein und die Veröffentlichung der Forschungserkenntnisse auf eigene Kosten.

In den Folgejahren schrieb Dr. Budwig ihre Bücher »Das Fettsyndrom« und »Fette als wahre Hilfe«. Sie stießen auf eine immense Resonanz, ihre Ansichten wurden auf der ganzen Welt bekannt. Sie machte eine Ausbildung zur Heilpraktikerin, beriet Patienten, die sogar aus Amerika, Afrika oder Kanada zu ihr kamen, wurde zu internationalen Tagungen eingeladen und hielt Vorträge auf zahlreichen Krebsforschungskongressen.

Heller Verstand bis ins hohe Alter

Aufgrund ihrer Ansichten auf dem Feld der Krebsforschung (siehe nebenstehender Kasten) wurde die Wissenschaftlerin von der Schulmedizin jedoch immer wieder herausgefordert und in zahlreiche Prozesse getrieben. Dennoch erlahmten ihr heller Verstand und ihr Arbeitseifer erst mit über 90 Jahren. Bis dahin kerngesund, erholte sie sich nur schwer von einer Schenkelhalsfraktur und einem nächtlichen Raubüberfall auf ihr Haus. 2003 verstarb sie im Alter von 95 Jahren. Dr. Johanna Budwig hinterlässt uns mit ihren zahlreichen Schriften ein durchdachtes Gesundheitskonzept, das der Gesundheitsvorsorge ebenso wie der Behandlung akuter und chronischer Krankheiten dient.

Viele ihrer Überlegungen wurden in jüngster Zeit von Forschern auf der ganzen Welt mit modernen medizinischen Methoden nachgewiesen.

Es besteht in der Wissenschaft kaum ein Zweifel daran, dass die Öl-Eiweiß-Kost bei der Vorsorge gegen Krankheiten wie Diabetes, Arteriosklerose und auch Krebs immens hilfreich ist. Dr. Johanna Budwig ging jedoch in ihren Veröffentlichungen und Vorträgen noch einen Schritt weiter: Sie vertrat die Meinung, dass mit der Öl-Eiweiß-Ernährung Krebs auch geheilt werden könne.

Da sie diese Ansicht wissenschaftlich nie belegen konnte, wurde sie von Wissenschaftskollegen heftig kritisiert. »Fast alles, was meine Tante erforscht und gesagt hat, kann ich ohne jeglichen Widerspruch unterschreiben«, sagt ihr Neffe Dr. Armin Grunewald. »Aber eine heilende Wirkung der Öl-Eiweiß-Kost auf Krebs ist nicht nachgewiesen – weswegen ich mich ihr in diesem speziellen Punkt nicht zu 100 Prozent anschließen möchte.«

Dr. Armin Grunewald
im Interview

Dr. Armin Grunewald praktiziert seit 30 Jahren als Arzt im niedersächsischen Oldenburg. Als Neffe von Frau Dr. Budwig hat er sich intensiv mit dem Gedankenerbe seiner Tante auseinandergesetzt.

Reiner Aberglaube – oder hilft die Öl-Eiweiß-Kost wirklich?

Sie hilft wirklich – und zwar jedem! Bereits nach wenigen Tagen mit dieser Ernährung fühlt man sich frischer und fitter als zuvor. Gesunde Menschen können sich durch diese Ernährungsform prophylaktisch vor Krankheiten schützen. Besonders empfiehlt sich die Öl-Eiweiß-Kost bei Schwangeren, stillenden Müttern oder Leistungssportlern.
Viele der heutigen Zivilisationskrankheiten wie beispielsweise koronare Herzerkrankungen, Arteriosklerose, Schlaganfall, Diabetes mellitus Typ 2, sowie Rheuma lassen sich nachweislich positiv beeinflussen.

Welche Zutat ist denn so gesund?

Der entscheidende und ausschlaggebende Faktor ist die im Leinöl in ungewöhnlich hohen Mengen vorkommende Omega-3-Fettsäure. Ihr bemerkenswerter Einfluss auf die Gesundheit wurde bis heute in mehr als 2000 wissenschaftlichen Arbeiten ausführlich untersucht und fast ausschließlich positiv bewertet.
Die Prognose meiner Tante ist also belegt und keine Meinungsfrage mehr: Wir brauchen diese essenziellen Fettsäuren so nötig wie Vitamine.

»Leinöl hat im Vergleich zu anderen Pflanzenölen mit Abstand den höchsten Gehalt an Omega-3.«

Dr. Armin Grunewald

»Essenziell« – das hört sich wichtig an ...

Ist es auch. Als essenziell werden gemeinhin Stoffe bezeichnet, die der Körper zum Leben benötigt, aber nicht selbst herstellen kann. Auch einige ungesättigte Fettsäuren sind essenziell – wie eben die Omega-3-Fettsäuren. Sie müssen mit der Nahrung aufgenommen werden; hauptsächlich kommen sie in Pflanzen- und Fischölen vor. Dabei hat Leinöl im Vergleich zu anderen Pflanzenölen mit Abstand den höchsten Gehalt an Omega-3.

Essen wir denn ausreichend »Essenzielle«?

Statistische Auswertungen aus den USA und Europa zeigen, dass wir eine dramatische Unterversorgung zu beklagen haben. Es ist auch schlichtweg unpraktikabel, so viel Fisch zu essen, wie wir müssten. Leinöl ist hier wirklich eine sehr gute Alternative – fehlt die Zeit zum Kochen, kann man auch einfach nur morgens oder abends einen Esslöffel davon pur zu sich nehmen.

Warum braucht unser Körper denn Omega-3?

Es macht unsere Zellen fit und sorgt für die Produktion von stoffwechselregelnden Substanzen. Als hochungesättigte Moleküle sind die Omega-3-Fettsäuren extrem reaktionsfreudig. Eingebaut in unsere Zellmembranen machen sie diese ausreichend flexibel und zudem durchlässig für den Stoffaustausch.

Wie viel Omega-3 brauche ich pro Tag?

Täglich sollten – je nach Alter und körperlicher Aktivität – etwa 20 ml Omega-3 aufgenommen werden. So empfehlen es die deutsche, die österreichische und die schweizerische Ernährungsgesellschaft in einer gemeinsamen Richtlinie (DACH-Empfehlung). Übrigens: In der Schwangerschaft und während der Stillzeit steigt der Bedarf an Omega-3 sogar noch. Denn bei der frühen neuronalen Entwicklung des Gehirns spielen essenzielle Fettsäuren eine entscheidende Rolle.

Kann ich zu viel Omega-3 zu mir nehmen?

Nein. Zumindest gibt es bis heute keinerlei Hinweise darauf. Generell gilt allerdings: Der Gesamtfettverbrauch sollte höchstens 30 Prozent des täglichen Energiebedarfs ausmachen. Das sind bei einer 2000-Kilo-

Schädliche Transfette in der Ernährung

In Dänemark wurde gesetzlich festgelegt, dass Nahrungsfette höchstens zwei Gramm Transfettsäuren enthalten dürfen. In der Folge verschwand dort diese Fettsäureart in Lebensmitteln. Wer täglich fünf Gramm Transfettsäure mit der Nahrung zu sich nimmt, muss mit einem 25 Prozent höheren Risiko einer koronaren Herzerkrankung rechnen. Schätzungen gehen davon aus, dass sich durch einen kostenneutral realisierbaren Ersatz der Transfettsäuren durch cis-Fettsäuren in den Vereinigten Staaten 10 bis 20 Prozent der Herzinfarkte (und kardialen Todesfälle) vermeiden ließen.

kalorien-Tagesernährung etwa 660 Kilokalorien. Rechnet man also pro Gramm Fett mit 9 Kilokalorien, entspricht das einer maximalen Fettaufnahme von ca. 70 Gramm pro Tag.

Und zwischendurch mal ein paar Chips ...

Das geht leider nicht. Denn heute wissen wir, dass die darin enthaltenen Transfettsäuren unseren Organismus nachhaltig schädigen. Der Konsum kann auf Dauer zum Verschluss von Herzkranz- und Hirngefäßen führen und damit zum Infarkt oder Schlaganfall.
Wir wissen auch, dass der Konsum von Transfetten in allen Industrieländern noch weit über der Toleranzgrenze liegt. Besonders gefährdet sind dabei Kinder, die durch den häufigen Verzehr von Pommes, Hamburgern, Chips und Schokoriegeln schnell auf 30 bis 50 Gramm Transfette pro Tag kommen.

> *»Wir wissen heute, dass Transfettsäuren unseren Organismus schädigen.«*
>
> *Dr. Armin Grunewald*

Was tun die Verantwortlichen dagegen?

Nicht viel: Mit Ausnahme von Dänemark existiert in Europa weder eine Deklarationspflicht noch gibt es gesetzliche Vorgaben zur Begrenzung von Transfetten in der Nahrung. Ein wirklich schönes Beispiel kommt hingegen aus den USA: So verbannte New York als erste Stadt der Welt Transfettsäuren aus allen Restaurants und Imbissstuben.

Fragen an den Spitzenkoch Carsten Kindermann

»Es gibt alles auch in lecker!«, ist die Devise von Spitzenkoch Carsten Kindermann, dem Inhaber und Chefkoch des Restaurants »Das weiße Haus« im niedersächsischen Rastede.

Was passiert, wenn Öl-Eiweiß-Kost auf Gourmetküche trifft?

Sie sind sich ausgesprochen sympathisch! Wie es diese Gesundheitsküche vorschreibt, nutzen auch wir nach Möglichkeit regionale Bioprodukte und verwenden naturbelassene Grundnahrungsmittel. Ursprünglich bin ich durch die Anfrage von Dr. Armin Grunewald wie die Jungfrau zum Kinde zur Öl-Eiweiß-Kost gekommen. Mich haben die alten Rezepte beim Durcharbeiten und Kochen auch zu Neuem inspiriert – so hat beispielsweise meine Lieblingskreation »Lauchsalat à la Kindermann« bereits echte Anhänger. Ich habe hierfür kräftigen Lauch mit fruchtigem Apfel und der Süße einiger Rosinen kombiniert – delikat!

Leinöl hat ja nicht den besten Ruf, was seinen Geschmack betrifft ...

Völlig zu Unrecht! Ich nahm für alle Rezepte das Basis-Leinöl von Dr. Budwig's Bestes: Das Öl an sich schmeckt man tatsächlich kaum heraus. Es wirkt nur geschmacksverstärkend und gibt zum Beispiel Quark oder Joghurt einen sahnig-cremigen Charakter. Allerdings gilt: Nur Öl bester Qualität verwenden!

Worin unterscheiden sich denn die verschiedenen Leinöle?

Genau wie bei Olivenöl schmecken die günstigen Leinölprodukte meist extrem bitter. Dabei ist weder die Olive fies noch der Lein gemein – die Bitterkeit liegt am Pressverfahren: Je intensiver die Früchte ausgepresst werden, desto mehr Bitterstoffe gelangen aus der Schale in das Öl. Machen Sie einmal selbst den Vergleich: Etwas Dr. Budwig's Bestes und einige andere Leinöle auf Weißbrot tröpfeln. Der Unterschied ist wirklich erstaunlich! Die Erklärung dafür ist folgende: Bei den Budwig-Ölen werden die Leinsamen nur zu 50 Prozent ausgepresst, anstelle der sonst üblichen 90 Prozent.

Wie finden eigentlich Kinder die Öl-Eiweiß-Kost?

Sie essen sie sehr gerne. Zumindest meine drei Kinder und die unserer Restaurantgäste! Meine neunjährige Tochter war oft bei den Kochterminen mit dabei und hat tatkräftig ihren Senf dazu abgegeben. Resultat: Ein Ketchup-Rezept ist jetzt auch drin!

Carsten Kindermanns Leinöltipps

Kaufen Sie nur hochwertiges kalt gepresstes Leinöl, denn dieses ist reich an fettlöslichen Vitaminen wie Vitamin A und E. Leinöl verliert seine Wirkung, wenn es zu stark gepresst, bei der Pressung erhitzt, raffiniert oder chemisch extrahiert wird.

Denken Sie zu Hause an eine kühle Lagerung des Öls, stellen Sie es also am besten in den Kühlschrank. Zudem sollte das Leinöl – wie bei Dr. Budwig's Bestes – in lichtundurchlässigen Flaschen abgefüllt sein. Vor Gebrauch bitte jedes Leinöl gut schütteln, um die lignanreichen Schwebstoffe gleichmäßig zu verteilen.

Kaufen Sie nicht zu große Mengen, da Öl aufgrund seines hohen Linolengehalts schnell ranzig wird und höchstens vier Monate haltbar ist. Angebrochene Flaschen sollten Sie binnen zehn Tagen verbrauchen.

Sechs Frischeregeln
für noch mehr Genuss

Auch die hochwertigsten Lebensmittel verlieren bei falscher Behandlung schnell an Vitalstoffen. Das muss nicht sein: Bei Einhaltung der folgenden sechs Regeln können Sie Qualitätsverlust ganz einfach stoppen. So geht's:

- Öle, Obst und Gemüse kühl und dunkel in luftdichten Gefäßen aufbewahren – so bleiben Geschmack und Vitalstoffe wie essenzielle Fettsäuren und Vitamine am besten erhalten.
- Entfernen Sie Schadstellen, Schmutz und Wurzelgrün, und lagern Sie Obst und Gemüse niemals feucht.
- Zu viel Salat? Ohne Dressing hält er sich gut einen Tag: Reste einfach im Kühlschrank möglichst in kleinen Gefäßen luftdicht aufbewahren.
- Dampfgaren ist wesentlich schonender als das Kochen. Dabei gilt: Nie zu schnell erhitzen.
- Das Beste zum Schluss: Hochwertige Öle und Gewürze immer erst vor dem endgültigen Abschmecken zugeben. Anbraten mit etwas Oleolux (s. Seite 28) oder Palmfett.
- Geräte für die Küche: Besorgen Sie sich einen leistungsstarken Mixer und einen Dampfkochtopf oder Dampfgarer. Ideal wären auch ein Obst- und Gemüseentsafter sowie ein Wok für die Gemüsezubereitung. Der Backofen sollte zum Garen bei niedriger Temperatur 80 bis 90 Grad sicher halten können.

»Meine Tante brauchte selten länger als 30 Minuten in der Küche – selbst hartnäckige Artischocken benötigen im Dampfkochtopf kaum länger.«

Dr. A. Grunewald

Was ist erlaubt?

- Soja-, Ziegen- und Kuhmilch (keine H-Milch), Quark und Joghurt, Bio-Käse
- Leinöl, »Oleolux« (s. Seite 28), Sonnenblumen- und Olivenöl zum Abschmecken und Palmfett ohne Transfettsäuren zum Braten
- Obst, Gemüse, Salat, Kartoffeln, Rohkost
- alle frischen Sprossen, zum Beispiel Soja- oder Weizenkeimlinge
- frische Pilze
- Fisch und Schalentiere (keine Zuchtware)
- alle Getreidesorten (möglichst Biovollkorn)
- Gewürze (möglichst frisch), Zwiebeln, Knoblauch, Meersalz (3 bis 5 Gramm pro Tag)
- Honig in geringen Mengen zum Süßen
- Nüsse (nicht geröstet), Mandeln nur in geringen Mengen
- frisch gepresste Säfte oder Direktsäfte, Kräuter- und Früchtetee, schwarzer Tee, grüner Tee und Wasser
- Wildfleisch und Wildgeflügel (nicht aus Zuchtbetrieben) in geringen Mengen
- Bio-Weine, Champagner und Bier in geringen Mengen

Was ist verboten?

- gehärtete Fette und hoch erhitzte Öle
- tierische Fette in Fleisch und Wurst oder als Schmalz
- Produkte, die Pestizide, Geschmacksverstärker, Konservierungs-, Farb- oder künstliche Geschmacksstoffe enthalten
- Antibiotika und Hormone im Fleisch

TK: Coole Kost oder schlechter Frost?

Viel diskutiert wurde über den Wert von Tiefkühlkost (TK). Sicher ist, dass gute TK-Gemüse mehr Vitamine enthalten als überalterte Gemüse oder Treibhausware. Aber auch hierbei gilt: Achten Sie auf gute Qualität!

Start in Ihre neue Gesundheit

Sie haben sich dafür entschieden, mit der Öl-Eiweiß-Kost in eine gesündere Zukunft zu starten. Den wichtigsten Schritt sind Sie damit schon einmal gegangen – die nächsten sechs sind da für Sie sicher kein Problem. Ihre Checkliste, bevor es richtig losgeht:

Ein zweiter Kalender für die Küchenwand

Spargel im November, Erdbeeren im Februar: Wir sind daran gewöhnt, zu jeder Zeit das Obst oder Gemüse zu bekommen, auf das wir gerade Appetit haben. Woran wir meist gar nicht mehr denken: Bevor die Waren im Supermarkt um die Ecke im Regal stehen, sind sie nicht selten um die halbe Erde transportiert worden. Da Sie in Zukunft Obst und Gemüse erntefrisch und mit der höchstmöglichen Konzentration an Vitaminen genießen sollen, legen Sie sich zunächst einen regionalen »Saisonkalender« an. Wann gibt es Kirschen? Wann Gurken? Wann Melonen?

Finden Sie den Lieferanten Ihres Vertrauens

Der Verkäufer hat tolle Muskeln und die Kassiererin wunderschöne blaue Augen? Das ist zwar erfreulich für die beiden – aber nicht relevant, wenn Sie sich eine Lieferantenliste zusammenstellen! Schauen Sie stattdessen darauf, welche Anbieter in Ihrer Region Grundnahrungsmittel frisch und zu einem vernünftigen Preis anbieten. Achten Sie dabei nicht nur auf den allgegenwärtigen Zusatz »Bio-«, sondern lassen Sie sich lieber von Ihrem gesunden Menschenverstand und Ihren Geschmacksnerven leiten. Und wenn Sie den optimalen Obst- und Gemüsehändler gefunden haben, machen Sie gleich weiter: Sie brauchen auch verlässliche Bezugsquellen für Milch und Quark, Fisch und Schalentiere, Obstsäfte und biologisch hergestellte Weine, Kräuter und Gewürze.

Öl natürlich

Hierbei gilt: Leinöl ist nicht gleich Leinöl. Es ist wichtig, den Weg von der Saat bis

zur Kaltpressung und Abfüllung der in Frage kommenden Öle zu kontrollieren. Nur wenn die Hersteller sämtliche Verarbeitungsvorschriften einhalten, erhält man ein hochwertiges, schmackhaftes Produkt. Auf diesen Punkt legte Dr. Johanna Budwig besonderen Wert, weshalb sie ihr Leinöl diversen chemischen, physikalischen und sensorischen Prüfungen unterzog.

Ein Arztbesuch kann ratsam sein

Die Öl-Eiweiß-Kost wird Ihnen guttun! Aber zunächst ist sie eine Umstellung für den Körper, da er gewohnte Nahrung nicht mehr bekommt. Sollten Sie ein schwaches Immunsystem oder einen schlechten Stoffwechsel haben, zögern Sie nicht, Ihren Arzt oder Heilpraktiker über Ihre Ernährungsumstellung zu informieren. Bei Bedarf können Sie auch ein Laborausgangsprofil erstellen lassen: Hierzu gehören ein Blutbild mit Lymphozytendifferenzierung, die Leber- und Nierenfunktionswerte zeigen sowie eine Lipidelektrophorese. Nach vier bis sechs Wochen sollten Sie die vorliegenden Werte kontrollieren lassen, um die Wirksamkeit der Ernährungsumstellung zu überprüfen.

Räumen Sie Ihren Vorratsschrank auf

Wussten Sie, dass rund 7500 Zusatzstoffe in unserer Nahrung erlaubt sind? Ausgenutzt wird das von der Lebensmittelindustrie, die immer mehr »geschmacksdesignte« Kunstprodukte in die Supermarktregale bringt. Auch wenn Sie einige Produkte mit Sicherheit lieb gewonnen haben: Bei einer Ernährungsumstellung auf die Öl-Eiweiß-Kost sollte möglichst auf industriell hergestellte Produkte wie zum Beispiel Tütensuppen oder Süßigkeiten verzichtet werden. Denn in diesen Produkten stecken Konservierungsmittel, Emulgatoren und Geschmacksverstärker sowie Fette und Transfette. Nehmen Sie hiervon zu viele zu sich, können diese das durch die Öl-Eiweiß-Kost hergestellte Gleichgewicht wieder stören.

Den richtigen Zeitpunkt abwarten

Heute noch einen fetttriefenden Braten und zwei Tafeln Schokolade, morgen dann gesunde Öl-Eiweiß-Kost? Das funktioniert so nicht. Suchen Sie sich einen passenden Zeitpunkt, um Ihre Ernährung umzustellen. Setzen Sie sich nicht unter Druck, und lassen Sie sich auch von außen nicht unter Druck setzen. Sie haben sich für eine grundlegende Veränderung entschieden, die Ihr ganzes Leben verbessern wird – da kommt es auf einen Tag mehr oder weniger auch nicht an.

Vorbereitungstage

Bloß nichts überstürzen! Bevor Sie mit der Öl-Eiweiß-Kost beginnen, sollten Sie vier Tage eine kleine Vorbereitungsphase einschieben. Dadurch erhält Ihr Körper die Möglichkeit, sich umzustellen. Wie diese Tage aussehen? Am besten so ...

Tag 1

Eines gleich vorweg: Feste Nahrung dürfen Sie heute leider nicht zu sich nehmen. Aber Sie dürfen trinken, fünfmal am Tag jeweils 0,3 Liter. Geeignet sind frisch gepresste Säfte bzw. Direktsäfte, Kräuter-, Malven-, Hagebutten-, Pfefferminz- oder grüner Tee. Bei vermehrter Wassereinlagerung sind Sauerkrautsaft oder Brennnesseltee besonders geeignet. Damit es an Ihrem ersten Tag nicht gar so hart wird, dürfen Sie saure Säfte oder Tees süßen – und zwar durch die Zugabe von Traubensaft oder naturbelassenem Bienenhonig. Übrigens: Es ist kein Muss, aber wer möchte, kann sich eine Dose von Dr. Budwig's Bestes Linufit bestellen. Jeweils 50 Gramm der frischen Leinsaat zu den fünf Getränken sind eine wunderbare Unterstützung für Ihren Körper.
Wenn Sie Tag eins geschafft haben, folgen drei weitere Übergangstage nach folgendem Schema ...

Tag 2 bis 4
Morgen

Das Erste, was Sie heute zu sich nehmen sollten, ist ein Sauerkrautsaft – und zwar direkt vor dem Frühstück. Setzen Sie sich sodann freudig an den Frühstückstisch und genehmigen Sie sich ein Müsli mit Quark-Leinöl-Creme (wie auf Seite 35 beschrieben). Beim Abschmecken des Quarks haben Sie genauso viele Möglichkeiten wie bei der Obstwahl. Fehlen dürfen auch nicht zwei oder drei Esslöffel geschrotete Leinsaat in Form von Linufit. Zum Frühstück trinken Sie am besten grünen oder (nicht zu starken) schwarzen Tee.

Tag 2 bis 4
Mittag

Freuen Sie sich auf ein reichhaltiges Mittagessen! Als Vorspeise bereiten Sie sich am besten eine gemischte Rohkost- oder Salatplatte mit der Quark-Leinöl-Mischung zu und schmecken mit Kräutern, Zitrone, Essig oder Senf ab. Anschließend steht ein Gemüse- oder Buchweizenrezept aus diesem Buch auf dem Speiseplan, als Nachtisch empfiehlt sich frisches, reifes Obst oder eine Quark-Leinöl-Creme mit Zitrone, Banane, frischer Vanille oder Beeren.

Tag 2 bis 4
Abend

Der erste Tipp für die Abendmahlzeit: Nehmen Sie sie nicht zu spät ein – schließlich soll Ihr Organismus noch genügend Zeit zur Verdauung haben, zum Beispiel bei einem schönen Spaziergang. Essen Sie am besten ein Buchweizen- oder Reisgericht und eine gemischte Gemüseplatte mit entsprechenden Saucen.

Tag 2 bis 4
Süße Pausenfüller

Keine Frage: Zwischendurch nicht zu naschen, ist schwer. Daher sollten Sie sich (und besonders Ihren Kinder) als Ersatz für Süßigkeiten und Schokolade Datteln, Feigen, ungeröstete Nüsse oder ungeschwefelte Rosinen gönnen. Zudem ist frisches Obst natürlich bestens geeignet.
Bei den Getränken achten Sie auf Vielfalt und Ausgewogenheit. Stellen Sie stets eine Auswahl an Direktsäften und Tees bereit – und trinken Sie bei jedem Durstempfinden. Die Aufnahme von viel Flüssigkeit ist extrem wichtig!

Tag 5
Die neue Leichtigkeit!

Die Umstellung lohnt sich: Nach vier Umstellungstagen werden Sie feststellen, dass Sie sich weniger schwer und müde fühlen, stattdessen neue Energie in sich spüren. Am fünften Tag ist es Zeit für den nächsten Schritt: Jetzt können Sie aus den Rezepten auf den folgenden Seiten frei Ihren eigenen Ernährungsplan zusammenstellen. Denken Sie daran: Rezepte sind Vorschläge – einkaufen, kochen und abschmecken müssen Sie selbst. Nutzen Sie Ihren Kopf und Ihre Geschmacksnerven, dann werden Sie sicher alles richtig machen.

So, genug der Vorrede. Blättern Sie um und starten Sie mit der Öl-Eiweiß-Kost in ein gesünderes Leben. Wir wünschen viel Spaß und guten Appetit!

Die Rezepte

Öl-Eiweiß-Köstlichkeiten

Gesunde Wissenschaft trifft raffinierte Kochkunst: Die Originalrezepte von Dr. Johanna Budwig kamen zu Spitzenkoch Carsten Kindermann. Er machte aus der Öl-Eiweiß-Kost viele kleine und große Öl-Eiweiß-Köstlichkeiten – die allesamt unglaublich lecker schmecken und dabei auch noch so gesund sind!

Die Rezepte zur Öl-Eiweiß-Kost

Das Speisefett »Oleolux«

»Es ruht eine große latente Kraft im Fett.«

Oleolux

Originalrezept nach Dr. Johanna Budwig

1/8 l Leinöl
1 mittelgroße Zwiebel
250 g Kokosfett, chemisch ungehärtet
10 Knoblauchzehen

1. Stellen Sie das Leinöl in einer größeren Schüssel in das Eisfach des Kühlschranks.
   Die Zwiebel schälen, vierteln und zusammen mit dem Kokosfett 5–8 Minuten vorsichtig erhitzen, bis die Zwiebel beginnt, braun zu werden. Anschließend die Knoblauchzehen hinzufügen und ebenfalls hell anbräunen (3–5 Minuten). Das Fett darf nicht zu heiß werden.

2. Gießen Sie dieses Gemisch durch ein Sieb in das kalte Leinöl, umrühren (siehe Tipp unten) und sofort wieder in das Eisfach stellen.
   Nach vollständiger Erkaltung kann das Oleolux im normalen Kühlschrank aufbewahrt werden.

Tipp:

Füllen Sie das Oleolux im noch warmen Zustand in Twist-off-Gläser*, um es nach und nach verwenden zu können.

*z. B. ausgekochte Marmeladen- oder Senfgläser (auch den Deckel unbedingt mit auskochen!)

Muttersäfte
oder frisch gepresste Säfte

Muttersäfte sind reine, naturbelassene Fruchtsäfte ohne Zuckerzusatz. Reich an wertvollen Inhaltsstoffen sind sie in der gesunden Küche vielfältig verwendbar

Herstellung von Muttersäften

für ca. 2 Gläser

300 g frische oder TK-Früchte
wie z. B. Erdbeeren
Himbeeren
Kirschen
Heidelbeeren
gemischte Beeren (rote Grütze)
oder Gemüse
(Rote Bete, Möhren etc.)
50 ml stilles Mineralwasser

1. Frische oder aufgetaute Früchte (ohne Stiele und Kerne) mit dem stillem Mineralwasser mixen und durch ein feines Sieb streichen.

2. Nach Geschmack und Obstart mit etwas Honig süßen. In einem Twist-off-Glas im Kühlschrank aufbewahren.

Orangen-Erdbeer-Saft

für ca. 2 Gläser

4–6 Orangen
200 g TK-Erdbeeren
(in der Saison gern frische)
10 Tropfen Leinöl
= ca. 1/2 TL

Orangen auspressen und mit den angetauten oder frischen, geputzten Erdbeeren mit einem Stabmixer fein pürieren. Dazu das Leinöl geben. Wer mag, gibt zusätzlich eine Prise bestes Meersalz darauf.

Tipp:

Sie können auch die Orangen schälen und mit den Erdbeeren in die Saftzentrifuge geben. 10 Tropfen Leinöl nicht vergessen.

Ananas-Orangen-Saft

für ca. 2 Gläser

1 kleine Ananas und 2–3 Orangen
10 Tropfen Leinöl = ca. 1/2 TL

Die Ananas schälen, entstrunken und in kleine Stücke geschnitten zusammen mit den geschälten Orangen in der Saftzentrifuge entsaften. Das Leinöl hinzugeben.

Tipp:

Genießen Sie diesen Saft doch einmal als kleine Zwischenmahlzeit mit einer Messerspitze feinstem Jaipur-Curry aufgepeppt. Ein toller Genuss an warmen Tagen!

Bananen-Himbeer-Saft

für ca. 2 Gläser

2 Bananen
500 g Himbeeren (außerhalb der Saison auch gefrorene)
2 Orangen
10 Tropfen Leinöl = ca. 1/2 TL

Geschälte Bananen und die Himbeeren in einem Becher mit dem frisch gepressten Orangensaft fein pürieren. Das Leinöl hinzugeben.

Tipp:

Wenn Sie die Himbeerkerne nicht mögen, streichen Sie den Saft doch einfach durch ein Sieb.

Der besondere Tipp ...

Alle oben aufgeführten Rezepte können Sie auch gern in einer Form unter Zugeben von etwas Honig in kleinen Portionsformen einfrieren. So erhalten Sie ein schön erfrischendes, leichtes Eis. Dabei ist es wichtig, dass Sie das Eis vor dem Verzehr einige Zeit im Kühlschrank antauen lassen.

Grapefruit-Pfirsich-Saft

für ca. 2 Gläser

4 Grapefruits
4 reife Pfirsiche
10 Tropfen Leinöl = ca. 1/2 TL

Grapefruits schälen, die Pfirsiche waschen und entkernen. Alles zusammen in der Saftzentrifuge entsaften. Das Leinöl dazugeben.

Tipp:

Einige im Ofen angeröstete Mandelblätter geben eine interessante Abwechslung.

Apfel-Möhren-Saft

für ca. 2 Gläser

500 g Möhren
500 g Äpfel
10 Tropfen Leinöl = ca. 1/2 TL

Die Möhren sehr gründlich waschen, Stiele und Wurzeln entfernen. Äpfel ebenfalls waschen und alles zusammen in der Saftzentrifuge entsaften. Das Leinöl hinzugeben.

Tipp:

Etwas Zitronen- oder Limettensaft rundet den Geschmack erfrischend und wohlschmeckend ab.

Quark-Leinöl-Creme
oder die Grundlage der Öl-Eiweiß-Kost

»Die Nahrung soll veratmet werden. Frische Luft ist für den Kranken wichtig. Bewegung in frischer Luft wird nach dem Maß der Kräfte dringend empfohlen. Ruhe ist für den Kranken als Ausgleich und Erholung ebenfalls wichtig. Auch dem bettlägerigen Patienten fehlt oft der rechte Rhythmus zwischen Ruhe und Entspannung einerseits und die Anspannung der vorhandenen Kräfte andererseits.«

Quark-Leinöl-Creme

für Müsli und Dessert
Basisrezept | 1–2 Portionen

1 TL Honig
3 EL Milch
3 EL Leinöl
100 g Quark

1. Honig, Milch und Leinöl miteinander mischen, ggf. mit dem elektrischen Rührgerät. Dann nach und nach in kleinen Portionen den Quark hinzugeben und alles zu einer glatten Creme verrühren – es darf kein Öl mehr zu sehen sein. Bei Bedarf noch etwas Milch nachgeben.

2. Diese Mischung wird nun täglich geschmacklich variiert, indem man Nüsse hinzugibt oder Banane, Zitronensaft und Orangensaft, Kakao, Kokosraspel, Hagebuttenmark, Fruchtsäfte (die man nur zuletzt zusetzen darf), Vanille, Zimt u.a.

Das Budwig-Müsli zum Frühstück

Basisrezept | 1 Portion

2 EL Linufit
3 EL gewürfelte Früchte nach Jahreszeit
3 EL Leinöl
3 EL Milch
100 g Quark
1 TL Honig

1. Am besten eignet sich für die Müslizubereitung eine Glasschale, da man dort die einzelnen Zutaten als Schichten erkennen kann.

2. Das Linufit in die Schale geben und mit den Früchten überschichten. Anschließend darauf die Quark-Leinöl-Creme gut abgeschmeckt wie oben beschrieben anrichten und liebevoll mit Früchten und Nüssen garnieren.

3. Je nach Fruchtsorte sollte die Quark-Leinöl-Cremebasis etwas mehr mit Honig gesüßt und geschmacklich variiert werden.

Rezepte für Quark-Leinöl als Frühstücksmüsli | 1 Portion

Quark-Leinöl mit Brombeeren und Vanille

1 Basisrezept
1 Tasse Brombeeren
Mark von 1/8 Vanilleschote

1. Brombeeren auf das Linufit geben, die Quark-Leinöl-Creme gut gesüßt mit etwas mehr Honig und etwa 1/2 Teelöffel Vanille zubereiten und auf die Brombeeren geben.

2. Übergossen mit etwas frischem Brombeersaft ist diese Kombination geschmacklich eine interessante Variation.

Quark-Leinöl mit Erdbeeren

1 Basisrezept
1 Tasse Erdbeeren
1 Tasse Traubensaft
oder frische Trauben
ohne Kerne
1 EL gehackte Walnüsse

1. Die Hälfte der gut reifen Erdbeeren gibt man über die Linufit-Schicht und darüber den Traubensaft bzw. die Trauben.

2. Die zweite Hälfte der Erdbeeren wird im Mixer mit der Quark-Leinöl-Creme vermischt. Erdbeeren verlangen ein wenig mehr Süße, die man durch Zugabe von Traubensaft bzw. ein wenig mehr Honig erreicht.

3. Anschließend die Walnüsse unter die Creme heben und auf den Erdbeeren anrichten.

Tipp:

Kann mit einer Prise Zimt verfeinert werden.

Quark-Leinöl mit Beeren und Nüssen

1 Basisrezept
2 EL Stachelbeeren
3 EL Rote Johannisbeeren
1 EL Pinienkerne oder Nüsse

1. Die Stachelbeeren auf das Linufit geben; die Roten Johannisbeeren bei der Zubereitung der Quark-Leinöl-Creme mitpürieren.

2. Diese Fruchtcreme wird über die Stachelbeeren gegossen und zum Schluss mit Pinienkernen bestreut.

Tipp:
Die Pinienkerne auf dem Blech im Ofen leicht anrösten.

Quark-Leinöl mit Himbeeren

1 Basisrezept
1 Tasse Himbeeren

1. Die eine Hälfte der Himbeeren gibt man unzerkleinert über das Linufit.

2. Die zweite Hälfte mit der Quark-Leinöl-Creme im Mixer oder mit dem Stabmixer pürieren und über die Fruchtmischung gießen.

»Leinöl hat zu allen Zeiten Wunder gewirkt.«
Dr. Johanna Budwig

Quark-Leinöl mit Schwarzen Johannisbeeren

1 Basisrezept
2–3 gut gehäufte EL
Schwarze Johannisbeeren
Mark von 1/8 Vanilleschote

Reichlich Schwarze Johannisbeeren auf das Linufit geben und mit der Quark-Leinöl-Creme, mit Vanille abgeschmeckt, überschichten.

Quark-Leinöl mit Roten Johannisbeeren

1 Basisrezept
250 g Rote Johannisbeeren

1. Die Roten Johannisbeeren von den Stengeln befreien und eine Hälfte davon unzerkleinert in eine Schüssel über das Linufit schichten.
2. Die zweite Hälfte im Mixer mit der Quark-Leinöl-Creme mit Honig mischen und über die Früchte geben.
3. Als Garnitur kann man gut Rote und Schwarze Johannisbeeren sowie etwas weiße Quark-Leinöl-Creme verwenden.

Quark-Leinöl mit Erdbeeren und Vanille

1 Basisrezept
2 EL Erdbeeren
gepulverte Vanille

1. Erdbeeren auf das Linufit geben.

2. Anschließend im Mixer die Quark-Leinöl-Creme zubereiten, unter Hinzufügung von 1/2 Teelöffel echter, gepulverter Vanille. Anrichten und mit halbierten Früchten und vielleicht ein paar Minzblättern garnieren.

Quark-Leinöl mit Stachelbeeren und Vanille

1 Basisrezept
2 EL Stachelbeeren
Mark von 1/8 Vanilleschote

Die gut reifen Stachelbeeren halbieren und auf das Linufit geben. Eine Quark-Leinöl-Vanille-Creme zubereiten und über die Stachelbeeren geben.

Quark-Leinöl mit Blaubeeren und Walnüssen

1 Basisrezept
1 Apfel (oder beliebiges anderes Obst)
2 EL Blaubeeren
1 EL Walnüsse

1. Apfel reiben oder anderes Obst klein schneiden und auf das Linufit geben. Quark-Leinöl-Creme mit 2 bis 3 Esslöffeln Blaubeeren mixen.

2. Zum Schluss die Walnüsse ganz kurz mitmixen (es sollten Nussstücke erhalten bleiben) – diese Quark-Leinöl-Creme ist ganz besonders gut im Geschmack.

Quark-Leinöl mit Muttersäften

1 Basisrezept
1 Apfel
100 ml Muttersaft aus Kirsche, Heidelbeeren oder Johannisbeeren
Mark von 1/2 Vanilleschote

Apfel grob raspeln und auf das Linufit geben; mit Muttersaft übergießen. Eine Quark-Leinöl-Creme zubereiten und zum Schluss 1/2 Teelöffel Vanillepulver oder das Mark von 1/2 Vanilleschote hinzufügen. Die Creme auf die Obstmischung geben.

Quark-Leinöl mit Sanddorn

1 Basisrezept
1 Apfel
Saft von 1 Orange
1 EL Sanddornsaft, ungesüßt

Den geriebenen Apfel auf das Linufit geben und mit dem frisch gepressten Orangensaft übergießen. Eine Quark-Leinöl-Creme zubereiten und diese mit 1 Esslöffel Sanddornsaft abschmecken.

Quark-Leinöl mit Pfirsichen 1

1 Basisrezept
3 Pfirsiche, schön ausgereifte Früchte!

1. Den ersten Pfirsich in kleine Stücke schneiden und auf das Linufit schichten, dabei nach Gusto die Haut vorher abschälen.

2. Die Quark-Leinöl-Creme zubereiten und einen weiteren Pfirsich mitpürieren. Den dritten Pfirsich ebenfalls in kleine Stücke schneiden, unter die Quarkmischung heben und auf die Fruchtlage geben.

3. Mit zurückgehaltenen Pfirsichspalten und vielleicht etwas Zitronenmelisse garnieren.

Tipp:
Die Quark-Leinöl-Mischung ist ganz besonders gut und für den Beginn der Öl-Eiweiß-Kost empfehlenswert.

Quark-Leinöl mit Pfirsichen 2

1 Basisrezept
2–4 Pfirsiche, schön ausgereifte Früchte!
Saft von einer Zitrone

1. Zwei schöne, reife Pfirsiche werden klein geschnitten und über die Linufitschicht gegeben; nun vermischt man die Quark-Leinöl-Creme mit zwei weiteren Pfirsichen und übergießt mit dieser Creme die Fruchtschicht.

2. Hat man Pfirsiche nur für die Fruchtschicht, schmeckt man die Quark-Leinöl-Creme mit dem Zitronensaft ab.

Quark-Leinöl mit Ananas und Ingwer

1 Basisrezept
2 Scheiben Ananas
1 Prise Zimt
1 Prise Ingwer, frisch gerieben
1 Prise Salz

1. Ananas klein schneiden und 1/2 Stunde in verdünntem Salzwasser ziehen lassen. Dann aus dem Salzwasser nehmen und auf das Linufit geben.

2. Die Quark-Leinöl-Creme mit Zimt und frisch geriebenem Ingwer abschmecken und auf die Ananasfruchtschicht geben. Erst kurz vor dem Verzehr umrühren, da die Ananas einen bitteren Geschmack bewirkt, wenn sie in Verbindung mit Milcheiweiß länger steht.

Quark-Leinöl-Dip
Basisrezept

1–2 Portionen

3 EL Leinöl
3 EL Milch
3 EL Quark
Meersalz

Leinöl und Milch mit dem Quark im Mixer mischen, anschließend Salz nach Geschmack und Verwendung dazugeben.

Tipp:

Dieser Quark-Leinöl-Dip lässt sich in mannigfaltiger Weise wunderbar variieren. Er ist auch geeignet zur Herstellung eines Kartoffelsalats.

Rezepte für Quark-Leinöl-Dips

1–2 Portionen
Grundrezept und Menge wie im Basisrezept beschrieben herstellen und dann nach Wunsch variieren:

- 1 TL grober Dijon-Senf oder 1 TL Löwen-Senf einrühren
- 2 TL geschnittenen Dill unterheben
- 2 EL Basilikum, fein geschnitten, unterheben
- 3 EL Sojasauce mit pürieren
- 5–6 kleine Gewürzgurken/Cornichons mit dem Dip pürieren
- 1 EL Schnittlauch fein schneiden und unter den Dip heben
- 100–200 g Petersilie mit dem Dip pürieren
- Fügt man den oben stehenden Varianten jeweils 1 Esslöffel Kürbiskernöl hinzu, ergeben sich wieder andere Geschmackserlebnisse. Beachten Sie bitte dabei die Farbveränderungen.

Tipp:

Sämtliche Dips sind zur Rohkostplatte und als Salatsaucen zu verwenden.

Quark-Leinöl als Brotaufstrich

Kümmel-Quark

2 Portionen

125 g Quark
3 EL Leinöl
2 EL Milch
1 Prise Meersalz
1 EL Kümmel, ganz
evtl. weiter kombiniert mit:
1 TL roter Paprika
1 EL Zwiebel, fein gehackt
1 EL Staudensellerie in Scheiben

Quark, Leinöl und Milch unter Zugabe von Meersalz zu einer festen Paste mischen, dann den ganzen Kümmel hinzugeben und dies noch einmal gut im Mixer mixen.

Tipp:

Man kann nun rote Paprika und fein gehackte Zwiebeln getrennt dazu servieren oder bereits unterheben. Passt gut zu Brot und Kartoffelgerichten.

Quark-Leinöl mit Parmesan Reggiano

2 Portionen

125 g Quark
3 EL Leinöl
2 EL Milch
1 Prise Meersalz
Pfeffer aus der Mühle
2 EL geriebener Parmesan Reggiano
2 EL frische Paprikawürfel

1. Quark und Leinöl mit Milch zu einer dicklichen Paste verrühren und diese mit dem frisch geriebenen Parmesan Reggiano und den frischen Paprikawürfeln mischen.

2. Mit Pfeffer abschmecken und 1/2 Stunde vor dem Servieren durchziehen lassen. Alternativ zum Parmesan Reggiano kann auch geriebener Ziegenhartkäse verwendet werden.

Tipp:

Angenehm als Beilage zu Kartoffeln und als Brotbelag.

Quark-Leinöl mit Kräutern

2 Portionen

125 g Quark
3 EL Leinöl
2 EL Milch
2 Knoblauchzehen
1 EL Schnittlauch
1 TL Dill
1 Prise Meersalz

1. Quark und Leinöl mit Milch zu einer dicklichen Paste mischen.
   Die Knoblauchzehen hacken oder in dünne Scheiben schneiden und mit dem ebenfalls klein geschnittenen Schnittlauch und Dill sowie dem Salz unter die Paste heben.

2. 1/2 Stunde ziehen lassen.

Quark-Leinöl mit Knoblauch, pikant

2 Portionen

125 g Quark
2 EL Milch
3 EL Leinöl
1/2 TL Meersalz
1 Prise Thymian
1 TL ganzer Kümmel
1 große Knoblauchzehe

1. Quark, Milch und Leinöl im Mixer mischen und anschließend Meersalz, Thymian und Kümmel dazugeben; nochmals durchmixen.

2. Die Knoblauchzehe zerdrücken, unter die Mischung rühren und gut durchziehen lassen.

Tipp:

Diese pikante Quark-Leinöl-Zubereitung kann ebenfalls zu Brot und auch zu Kartoffeln gegeben werden.
Eine weitere Variante erhält man durch die Verwendung von Majoran statt Thymian.

Quark-Leinöl als Chutney-Beilage

Quark-Leinöl lässt sich als Beilage vielfältig variieren.

Chutney Grundmischung I

2 Portionen

3 EL Leinöl
2 EL Milch
125 g Quark
etwas Meersalz

Leinöl, Milch, Quark und Salz werden im Mixer zu einer ziemlich festen Paste gemischt.

Chutney Grundmischung II

mit geriebenem Apfel und Muttersaft

1 großer, säuerlicher Apfel
2 EL frischer Kirschsaft oder
2 EL Rote-Bete-Saft

Nach der Herstellung der Grundmischung I ungefähr 1/3 bis 1/2 der Paste im Mixer zurückbehalten und während des Mixens den klein geschnittenen Apfel dazugeben, pürieren und mit Kirsch- oder Rote-Bete-Saft mischen.

Chutney mit Kümmel

2 Portionen

3 EL Leinöl
2 EL Milch
125 g Quark
etwas Meersalz
1 TL gemahlener Kümmel
1 EL ganzer Kümmel

Leinöl, Milch, Quark und Salz werden im Mixer zu einer ziemlich festen Paste gemischt. Den Kümmel zum Schluss in den Mixer dazugeben und kurz durchmixen.

Tipp:
Kann als Beilage zu Kartoffeln oder auch Gemüse gereicht werden.

Chutney mit Petersilie

3 EL Leinöl
2 EL Milch
125 g Quark
etwas Meersalz
200 g Petersilie

Leinöl, Milch, Quark und Salz werden im Mixer zu einer ziemlich festen Paste gemischt. Die Petersilie mit in den Mixer geben und mit der Mischung pürieren.

Tipp:
Kann als Beilage zu Kartoffeln oder auch Gemüse gereicht werden und ergänzt gut eine Salatplatte.

Chutney mit Paprika und Zwiebel

3 EL Leinöl
2 EL Milch
125 g Quark
etwas Meersalz
1 TL Paprikapulver
1 TL Kümmel
(ganz oder gemahlen)
1 EL Ziebel, fein gehackt
4–6 kleine saure
Gurken/Cornichons

Leinöl, Milch, Quark und Salz werden im Mixer zu einer ziemlich festen Paste gemischt. Paprika, Kümmel und Zwiebelwürfel unter die Paste mischen. Die Cornichons klein schneiden und unterheben.

Tipp:
Eine würzige Zugabe zu Kartoffeln und Gemüse.

Chutney mit Zwiebel und Hering

3 EL Leinöl
2 EL Milch
125 g Quark
etwas Meersalz
1 saurer Hering oder Matjes
saure Zwiebeln nach Geschmack (eingelegte Zwiebeln/Perlzwiebeln)

1. Leinöl, Milch, Quark und Salz werden im Mixer zu einer ziemlich festen Paste gemischt.

2. Den Hering/Matjes entgräten und in kleine Stücke schneiden; zusammen mit reichlich sauren Zwiebeln unter die Paste mischen.

Tipp:

Für Zwiebelliebhaber besonders zu empfehlen.

Chutney mit Meerrettich

1/8 Stange Meerrettich, gerieben
2 EL Milch
3 EL Leinöl
125 g Quark
etwas Meersalz
1/2 Apfel

Den geriebenen Meerrettich unter Zugabe der Milch mixen und anschließend Leinöl, Quark und Salz dazugeben und durchmixen. Zum Schluss zusammen mit dem Apfel alles gut pürieren.

Tipp:

Sehr gut als Beilage zu verschiedenen Gerichten und von großem gesundheitlichem Wert, besonders für die Leberfunktion
(Anmerkung von Dr. Johanna Budwig).

Weitere Varianten

Alle hier genannten Chutneys können Sie auch alternativ mit der Grundmischung II herstellen, und Sie erhalten auf diese Weise wieder vollkommen neue Geschmacksabwandlungen.

Saucen

Anmerkung von Dr. Johanna Budwig: »Ein Fehler, der sehr häufig gemacht wird, ist der folgende: Man kocht zu lange, dadurch entschwindet das gute Aroma und die Sauce wird zu scharf. Auch durch Verminderung der leinölhaltigen Fette wird der wunderbar gerundete aromatische Geschmack beeinträchtigt.«

Meerrettichsauce

2–3 Portionen

125 g Oleolux
2–3 EL Sojamehl
1 Tasse Gemüsebrühe
6–7 EL Leinöl
6–7 EL Milch
2 EL geriebener Meerrettich
Sojasauce
Meersalz

1. In einem vorgeheizten Stieltopf das Oleolux zum Schmelzen bringen. Das Sojamehl hineingeben und mit einem Holzlöffel umrühren, bis das Sojamehl zerfallen ist. Bitte nicht anrösten.
2. Mit der Gemüsebrühe auffüllen, aufwallen lassen und sofort anschließend das Leinöl unterrühren, bis eine homogene Sauce entstanden ist – man sollte kein Öl mehr sehen.
3. Milch und Meerrettich mit dem Stabmixer pürieren und in die heiße Sojasauce geben und mit Salz abschmecken. Wenn man die Meerrettichsauce scharf mag, so sollte diese vor dem Servieren nicht erneut erhitzt werden, da sonst das Aroma verlorengeht.

Tipp:

Zum Abschmecken evtl. noch etwas Honig und/oder Apfelessig verwenden. Kurz vor dem Servieren nochmals mit dem Stabmixer aufschäumen.

Tomatensauce mit oder ohne Paprika

4 Portionen

1 Zwiebel, 1–2 Knoblauchzehen
125 g Oleolux
2–3 EL Sojamehl
250 g Tomaten oder
1 Dose (250 g) geschälte Tomaten
6–7 EL Milch
Meersalz
1 EL Sojasauce, 1 TL Honig
evtl. Paprikaschoten

1. Zwiebel pellen und in feine Stücke schneiden, ebenso die Knoblauchzehen. In einem vorgeheizten Stieltopf das Oleolux erwärmen und die Zwiebelstückchen darin bis zur leichten Bräunung anschwitzen. Dann das Sojamehl und die Knoblauchzehen dazugeben und mit dem Holzlöffel rühren, bis das Sojamehl zerfällt. Nicht anrösten – sonst verliert das Sojamehl seine Bindekraft.

2. Die Tomaten im Mixer oder mit dem Stabmixer mit der Milch pürieren und zu der Sojamehlmischung geben. Unterrühren, mit Meersalz, Sojasauce und evtl. Honig abschmecken.

Tipp:
Verwenden Sie je nach Saison am besten frische, reife Tomaten.
Eine pikante Variante entsteht, wenn zusätzlich fein geschnittene Paprikaschoten hinzugefügt werden.

Tomatenketchup

2–4 Portionen

2 EL Oleolux
2 kleine Zwiebeln
1 Knoblauchzehe
6 geschälte, reife Tomaten
2 EL Balsamico-Essig
Pfeffer aus der Mühle
1/2 TL Rosenpaprika, gemahlen
2 EL Leinöl
Meersalz

1. Das Oleolux in einem erwärmten Stieltopf schmelzen. Zwiebeln und Knoblauchzehen pellen, klein schneiden und im Oleolux leicht anbräunen. Abkühlen lassen.

2. Tomaten, Zwiebel-Oleolux-Knoblauch-Mischung und alle anderen Zutaten im Mixer pürieren und durch ein Sieb streichen.

3. Abschmecken, in ein verschließbares Glas oder eine Flasche füllen und im Kühlschrank aufbewahren.

Tipp:

Geschmacklich abwandeln können Sie den Ketchup mit Basilikum, Majoran oder Thymian.
Zusätzlich etwas Currypulver untergerührt, ergibt dies eine weitere Geschmacksvariante.

Kräutersauce

2 Portionen

1 kleine Zwiebel
1 TL Leinöl
100 ml Milch
3 EL Basis-Dip (s. Seite 42)
60 g Blattkräuter wie Basilikum, Petersilie, Salbei und Thymian ohne Stiel
Meersalz
Pfeffer aus der Mühle

1. Die geschälte Zwiebel in feine Würfel schneiden und in Leinöl bei kleiner Hitze anschwitzen. Mit Milch ablöschen und köcheln lassen, bis die Zwiebeln weich sind. Dann den Basis-Dip hinzurühren und erwärmen.

2. Die gezupften Kräuter in der Sauce pürieren, abschmecken und evtl. durch ein Sieb geben. Warm servieren.

Tipp:
Sie können natürlich auch nur eine Sorte Kräuter verwenden; das empfiehlt sich besonders bei Dill.

Gurken-Senf-Sauce

2 Portionen

1/2 kleine Zwiebel
1/2 Salatgurke
1 EL Oleolux
100 ml Milch
2 EL grobkörniger Dijon-Senf
2 EL Basis-Dip (s. Seite 42)
Meersalz
Pfeffer aus der Mühle
evtl. etwas Himbeeressig

1. Die geschälte Zwiebel in feinste Würfel schneiden. Gurke ebenfalls schälen, Kerne entfernen und in feine Würfel schneiden. Die Zwiebelwürfel in Oleolux gar schwitzen, mit der Milch auffüllen, den Senf hinzufügen und durchmixen.

2. Basis-Dip und die leicht gesalzenen Gurkenwürfel (ohne Gurkensaft) unterrühren.

3. Eventuell mit Meersalz, Pfeffer aus der Mühle und Himbeeressig abschmecken.

Tipp:

Sie können zu dieser Sauce auch gern noch fein geschnittenen Dill oder Schnittlauch zugeben.

Currysauce

2–3 Portionen

125 g Oleolux
2–3 EL Sojamehl
1 Tasse Gemüsebrühe
1 TL Jaipur- oder Madras-Curry
6–7 EL Leinöl
6–7 EL Milch

1. In einem vorgeheizten Stieltopf das Oleolux zum Schmelzen bringen. Das Sojamehl hineingeben und mit einem Holzlöffel umrühren, bis das Sojamehl zerfallen ist, bitte nicht anrösten.

2. Mit der Gemüsebrühe auffüllen, aufwallen lassen, den Curry hinzufügen und sofort anschließend Leinöl und Milch unterrühren, bis eine homogene Sauce entstanden ist – man sollte kein Öl mehr sehen.

Tipp:

Die Sauce ist sehr pikant und passt sehr gut zu Reis- und Buchweizengerichten.

Der besondere Tipp ...

Mixen Sie die Sauce kurz vor dem Servieren mit dem Stabmixer auf – probieren Sie die Sauce vorher und nachher. Sie schmecken bestimmt einen Unterschied.

Dressings

»Es gibt keine Hilfe für den Menschen über Vitamine, Spurenelemente usw., wenn er geschädigt ist durch falsche Fette.«

Vinaigrette

2 Portionen

Basisrezept

4 EL milder Balsamico-Essig
4 EL Gemüsebrühe
4 EL Leinöl
Meersalz
Pfeffer aus der Mühle
evtl. Honig, je nach Verwendungszweck
Muskat

Alle Zutaten miteinander verrühren. Passt zu allen Salaten und zum Marinieren von gegartem Gemüse.

Tomatendressing mit Basilikum

2 Portionen

4 reife Tomaten
8 Blätter Basilikum
4 EL milder Balsamico-Essig
4 EL Leinöl
Meersalz
Pfeffer aus der Mühle

1. Tomaten enthäuten, entkernen und in kleine Würfel schneiden. Basilikumblätter in feine Streifen schneiden.
2. Essig, Öl, Meersalz und Pfeffer verrühren und die Tomaten und Basilikumblätter unterheben.

Tipp:
Sehr lecker zu Rucolasalat mit einigen sanft gerösteten Pinienkernen oder auch als Dip zu reifem Käse.

Himbeeressig-Sauce

2 Portionen

2 EL Himbeeressig
2 EL Gemüsebrühe
2 EL Leinöl
Meersalz
Pfeffer aus der Mühle
evtl. Honig, je nach Verwendungszweck

Alle Zutaten miteinander verrühren.

Tipp:
In diesem Dressing rohe, in feine Scheiben geschnittene Nuss-Champignons marinieren. Dazu Blattsalate und leicht geröstete Haselnüsse.

Zitronen-Dip

2 Portionen

4 EL Basis-Dip
evtl. etwas Honig nach Geschmack
Saft und abgeriebene Schale einer unbehandelten Zitrone
1 Prise Meersalz

Alle Zutaten miteinander verrühren.

Tipp:
Sie können diesen Dip auch mit etwas grobem schwarzem Pfeffer oder Jaipur-Curry geschmacklich variieren.

Kartoffel-Senf-Dressing

2 Portionen

1 mittelgroße Kartoffel als Pellkartoffel, gegart und durch ein Sieb gedrückt
2 EL Apfelessig oder Weinessig
2–3 EL Gemüsebrühe
2 EL Leinöl
1 TL Dijon-Senf (fein oder körnig)
Meersalz
Pfeffer aus der Mühle

Alle Zutaten miteinander verrühren.

Tipp:
Eine schöne cremige Alternative zu den Vinaigrette-Dressings. Dieses Dressing kommt in Kombination mit Feld- und Endiviensalat besonders gut zum Ausdruck.
Etwas cremiger wird das Dressing noch durch die Zugabe von 1 Esslöffel Quark-Leinöl-Dip.

Soja-Salatsauce

2 Portionen

3 EL Sojasauce
3 EL Apfelsaft
2 EL Apfelessig
1 Knoblauchzehe
2 EL Leinöl
2 EL Kürbiskernöl
1/2 TL frischer Ingwer, fein gerieben
1 TL Kokosraspel

Sojasauce, Apfelsaft und Apfelessig mischen, Knoblauchzehe in feine Scheiben schneiden und unterheben. Zum Schluss Leinöl und Kürbiskernöl hinzufügen.

Tipp:

Diese Salatsauce passt ausgezeichnet zu Endiviensalat, Feldsalat und Chicorée.
Varianten entstehen durch die Zugabe von Kokosraspeln und das Untermischen von geriebenem Ingwer.

Der besondere Tipp ...

Diese Sojasauce bildet auch eine sehr gute Basis bei der Zubereitung von Chutneys (s. Seite 45 ff.).

Apfel-Honig-Dressing

2 Portionen

2 EL Leinöl
2-3 EL Apfelessig
1-2 EL Honig
Meersalz
Pfeffer aus der Mühle
4 EL Apfelsaft

Alle Zutaten miteinander verrühren.

Tipp:

Als cremige Variante geben Sie 1 Esslöffel Basis-Dip und 1 Esslöffel Joghurt sowie nach Geschmack geriebenen Apfel hinzu.
Die Zugabe von angerösteten Nüssen oder Mandeln bietet eine weitere Abwechslung.

Bananen-Dip

2 Portionen

1/2 Banane
2 EL Basis-Dip
1 EL Himbeeressig, Prise Meersalz

Banane in Scheiben schneiden und mit den anderen Zutaten verrühren.

Tipp:

Geben Sie einige geröstete Pinienkerne hinzu.

Salate

»Bei der Mahlzeit möchte auch das Auge befriedigt werden.«

Rote Bete mit Meerrettich

2 Portionen

500 g Rote Bete
1 EL Quark
2 EL Leinöl
2 EL Milch
1 EL geriebener Meerrettich
3 EL Apfelessig
1/2 TL Meersalz
1 EL Kümmel
1 Apfel

1. Die Rote Bete wird gut gesäubert und mit der Schale gekocht, bis sie gar ist (durch Einstechen mit der Gabel feststellbar), dann schälen und in dünne Scheiben schneiden.

2. In einem Mixer mischt man Quark, Leinöl und Milch und gibt dann den geriebenen Meerrettich hinein (Meerrettich am Stück am besten vorher mit der Milch im Mixer zerkleinern). Zu dieser Mischung werden dann Essig, Salz, Kümmel und zum Schluss der Apfel gegeben, und alles wird gut durchgemixt.

3. Die Rote Bete mit der Quark-Leinöl-Zubereitung vorsichtig vermischen und vor dem Servieren ausreichend durchziehen lassen.

4. Man kann die Rote Bete auch in etwas dickere Scheiben (5 – 7 mm) schneiden und in einer Schüssel abwechselnd mit der Quark-Leinöl-Creme schichten; auch dies mindestens 1/2 Stunde durchziehen lassen.

Tipp:
Falls Sie die Kümmelstückchen nicht gern in der Creme mögen, geben Sie stattdessen beim Garen der Rüben einfach die doppelte Menge Kümmel hinzu.

Gurkensalat, pikant

1–2 Portionen

1 Schlangengurke
1/2 TL Kräutersalz
1 EL Quark
3 EL Milch
3 EL Leinöl
1 EL Apfelessig
2 Knoblauchzehen
1 Paprikaschote

1. Die Schlangengurke säubern, aber nicht schälen. Anschließend in feine Scheiben hobeln und mit Salz mischen. Nun bereitet man die Sauce aus Quark, Milch, Leinöl und Apfelessig zu, presst die Knoblauchzehen aus und rührt diese unter die Mischung.

2. Der Dip kann in dieser Form mit der Gurke als Salat gemischt werden.

3. Man hobelt die von den Kernen befreite Paprikaschote fein und mischt sie unter den Gurkensalat.

Tipp:

Das Entfernen des Kerngehäuses bei der Gurke macht sie verträglicher.

Gurkensalat

2–3 Portionen

2 grüne Schlangengurken
Meersalz
Quark-Leinöl-Dip
(Basisrezept, s. Seite 42)
4 EL fein geschnittenes Dillkraut

1. Die Gurken gründlich waschen und mit Schale fein hobeln. Anschließend mit etwas Meersalz bestreuen, 1/2 Stunde ziehen lassen und den Saft abgießen.

2. Die Gurken mit Quark-Leinöl-Dip mischen und reichlich frischen Dill unterheben. Der Gurkensalat gewinnt an Geschmack, wenn man ihn ein wenig durchziehen lässt.

Tipp:
Zur besseren Verträglichkeit kann man die Gurken schälen und entkernen Probieren Sie den Dip auch einmal separat zum Gurkensalat.

Tomatensalat 1

4 Portionen

600 g Tomaten
3 schöne Paprikaschoten
(gelbe und grüne)
2 große Zwiebeln
1/2 TL Meersalz
Pfeffer aus der Mühle
nach Geschmack
1 TL Paprikapulver
1 EL Dill, gehackt
evtl. Zitronensaft

1. Tomaten und Paprikaschoten säubern, vom Kerngehäuse befreien und in feine Streifen schneiden; ebenso die Zwiebeln.

2. Anschließend mit Salz, Pfeffer, Paprika und Dill mischen, und alles 1/2 Stunde gut ziehen lassen.

Tipp:
Diesen Tomatensalat kann man mit oder ohne Zitronensaft servieren bzw. mit oder ohne Öle zubereiten. Beide Geschmacksvarianten sind ausgezeichnet.

Tomatensalat 2

2–3 Portionen

800 g Tomaten
3 EL Leinöl
3 EL Apfelessig
schwarzer und weißer Pfeffer
aus der Mühle nach Geschmack
1/2 TL Paprikapulver
Meersalz
1 Tasse Kokosraspeln
1 Tasse Wasser

1. Die Tomaten werden entkernt, in Scheiben geschnitten und mit der Sauce aus Öl, Essig, Pfeffer und Paprika gut vermischt; mit Salz abschmecken.

2. Nun gibt man die Kokosraspeln in den Mixer und püriert diese mit dem Wasser. Die Kokosmilch gießt man über den Tomatensalat und lässt diesen vor dem Servieren mindestens 1/2 Stunde ziehen.

Tipp:

Statt des Wassers können Sie auch gern Milch verwenden.

Tomatensalat 3 mit Selleriegrün

2 Portionen

600 g Tomaten
3 EL Leinöl
1 EL Kürbiskernöl
3 EL Apfelessig
Meersalz
schwarzer Pfeffer
aus der Mühle nach Geschmack
3 EL Selleriegrün, fein gehackt

1. Die Tomaten in Viertel schneiden und entkernen (Kerngehäuse aufheben).

2. Aus den Ölen, Apfelessig, Salz und Pfeffer ein Dressing herstellen und die Tomaten darin marinieren.

3. Zum Schluss mischt man das zarte Selleriegrün unter den Salat.

Tipp:

Kerngehäuse der Tomaten mit Meersalz und Pfeffer mixen und auf einem feinen Sieb austropfen lassen. Gekühlt als kleine Erfrischung trinken.

Tomatensalat 4 mit Minze

2 Portionen

600 g Tomaten
1 Zwiebel
2–3 Pfefferminzblätter
6–7 EL Leinöl
Essig
Meersalz
schwarzer Pfeffer
aus der Mühle nach Geschmack
1/2 TL Honig
1 Msp. Ingwer, gerieben

1. Die Tomaten in Viertel schneiden und entkernen.

2. Zur Zubereitung des Dressings wird die Zwiebel fein gehobelt, die Pfefferminzblätter werden sehr fein gehackt, und beides wird mit Öl, Essig, Salz, Pfeffer, Honig und Ingwer verrührt.

3. Zum Schluss die Tomatenviertel darin marinieren.

Tipp:

Ist gut vorzubereiten und entwickelt nach Verbindung der Aromen den vollen Geschmack.

Chicoréesalat mit Kresse oder Rucola

2 Portionen

2 mittelgroße Chicorée
3 EL Sojasauce
3 EL Wasser
3 EL Essig
2 Knoblauchzehen
1 TL Honig
1 TL Kokosraspel
2 EL Leinöl
2 EL Kürbiskernöl
50 g Kresse oder Rucola

1. Den Chicorée in 5 mm breite Streifen schneiden. Den bitteren weißen Strunk keilförmig ausschneiden. Aus Sojasauce, Wasser, Essig, Knoblauch und Honig eine Sauce herstellen.

2. Die Hälfte von der Sauce wird mit den Kokosraspeln, 1 Esslöffel Leinöl und dem Kürbiskernöl im Mixer verarbeitet, und der Chicorée wird damit mariniert. Diesen häuft man in der Mitte eines Tellers oder einer Salatplatte an.

3. Den zweiten Teil der Sauce – ohne Kokosraspel – versetzt man mit 1 Esslöffel Leinöl und vermischt diese Sauce mit der Kresse bzw. dem Rucola. Diese ordnet man dann am Fuße des Chicoréeberges fein kranzförmig an.

Tipp:

Darauf achten, dass der Strunk des Chicorées nicht verwendet wird, da der Salat sonst zu bitter wird.
Die Kontrastwirkung der verschiedenen Geschmacksrichtungen des Chicorées mit Sojasauce und Kresse macht dieses Gericht interessant.

Zwiebelsalat mit grünen Bohnen

2–3 Portionen

250 g Zwiebeln
1/2 TL Honig
250 g grüne Bohnen
3–4 Leinöl
6–7 EL Apfelessig
Meersalz

1. Die Zwiebeln grob in Streifen schneiden und in Wasser mit dem Honig garen. Dabei nur glasig werden lassen – nicht zu weich kochen!

2. Die grünen Bohnen werden getrennt im Dampftopf gegart oder mit wenig Wasser gekocht. Zwiebeln und Bohnen in einem Sieb abtropfen lassen. Öl, Essig, Salz und evtl. etwas Sojasauce zu einer Sauce verrühren, und Zwiebeln und Bohnen darin marinieren.

Tipp:

Eine pikante Note erreicht man durch die Zugabe von 2 Esslöffeln in Streifen geschnittener, getrockneter Tomaten (ohne Öl).

Möhren für die Rohkostplatte

1–2 Portionen

250 g Möhren
Saft von 1 Orange
1 Prise Meersalz
1 EL Leinöl
evtl. 1 TL Honig

Die Möhren putzen, fein raffeln und mit dem Orangensaft, Salz, Leinöl und ggf. Honig vermischen.

Tipp:

Feine Streifen von 5 bis 6 Blatt Basilikum bringen eine willkommene Abwechslung.

Grüne Bohnen als Salat

3 Portionen

500 g grüne Bohnen
etwas Bohnenkraut
2 EL Leinöl
1 EL Milch oder Buttermilch
1 große Zwiebel, fein gehackt
1 EL Sojasauce
schwarzer, weißer und roter Pfeffer aus der Mühle
4–6 halbe, getrocknete Tomaten

1. Die Bohnen säubern, von den Fäden befreien und quer halbieren. Mit wenig Wasser oder im Dampfbad werden sie zusammen mit einem Sträußchen Bohnenkraut (es geht auch in getrockneter Form) gar gekocht. Nicht zu weich kochen!

2. Für die Salattunke Leinöl, Milch, fein gehackte Zwiebel und Sojasauce gut miteinander verrühren und mit Pfeffer abschmecken.

3. Die Bohnen abkühlen lassen, getrocknete Tomaten in Streifen schneiden und mit der Salattunke mischen – etwas durchziehen lassen.

Tipp:

Dazu passen besonders gut der Basis-Dip und gebratenes Vollkornbrot in Oleolux.

Möhrensalat, gekocht

1–2 Portionen

250 g Möhren
3 EL Leinöl
3 EL Himbeeressig
Meersalz
Pfeffer aus der Mühle
1/2 TL Ingwer, gerieben
1–2 EL Sojasauce

1. Die Möhren putzen und mit ganz wenig Wasser knackig garen bzw. nur kurz dämpfen.

2. Anschließend in etwa 3 cm lange Streifen schneiden. Aus Öl, Essig, Salz, Pfeffer, Ingwer und Sojasauce eine Salatsauce herstellen und die Möhren darin marinieren.

Weitere Varianten

Man kann zum Salat aus gekochten Möhren die verschiedenen Quark-Leinöl-Dips verwenden.

Salatplatte mit Salaten und Rohkost

2 Portionen

verschiedene grüne Salate
Rote Bete, Sellerie, rohe Petersilienwurzel, Kohlrabi grüne Bohnen usw.
Quark
3 EL Leinöl
3 EL Milch, 1 EL Senf
3 saure Gurken
Salz, 1/2 Banane

Zubereitung s. Seite 66

Tipp:

Bei einer Salatplatte sollten auch immer grüne Salate Verwendung finden: verschiedene Blattsalate, Endiviensalat – fein geschnitten, Feldsalat oder auch Kresse. Man richtet den Salat am besten in der Mitte der Salatplatte an.

Verschiedene Kombinationen, Dips und Dressings

Fein geraffelte Kohlrabi, Rote Bete – roh oder gekocht – und andere Rohkostgemüse werden getrennt voneinander um den Salat herum dekoriert.

Im Mixer aus Quark, Leinöl, Milch, Senf, sauren Gurken und etwas Meersalz einen Dip zubereiten. Diesen Dip teilt man am besten in die Anzahl der Dips auf, die man zur Salatplatte vorbereiten möchte und mischt diese z. B. mit Folgendem:

- mit fein geriebenem Blumenkohl
- mit fein geriebenen Schwarzwurzeln
- mit geraffeltem Sellerie unter Zugabe von 1/2 fein geriebenem Apfel
- mit Rote Bete unter Zugabe von gemahlenen Walnüssen
- mit grünen Bohnen unter Zugabe von ein wenig klein gehackter Zwiebel
- mit Gurkenscheiben unter Zugabe von Dill

Einen Rest des Dips püriert man im Mixer zusammen mit 1/2 Banane und gibt diesen in der Mitte über den Salat. Richten Sie die unterschiedlichen Rohkostdips um den Salat herum an, und Sie erhalten ein interessantes, appetitliches Bild.

Folgende Dressings (s. Seite 54 ff.) passen sehr gut zu folgenden Salaten und rohen Gemüsen:

- Kartoffeldressing
  Feld-, Endiviensalat, Rucola
- Senfdressing
  Rote Bete, Zucchini
- Bananendressing
  Kopf-, Eisbergsalat
- Tomaten-Basilikum-Dressing
  Bohnen, Rucola, Löwenzahn
- Zitronen-Dip
  Sellerie, Kohlrabi, Petersilienwurzel
- Apfelessig-Dressing
  Blattsalat, grüner Salat

Lauchsalat à la Kindermann

2 Portionen

3 Stangen Frühlingslauch
100 g alter Emmentaler oder Gouda, in Würfel geschnitten
2 EL Pinienkerne, geröstet
2 EL Apfelwürfel
1 EL ungeschwefelte Rosinen
1 Grundrezept Quark-Leinöl-Dip (s. Seite 42)

Den Lauch putzen, waschen und in feine Streifen schneiden. In kochendem Salzwasser kurz knackig kochen und anschließend mit kaltem Wasser abschrecken (so behält er seine Farbe) – oder mit wenig Wasser bissfest dämpfen. Den Käse fein reiben und mit allen Zutaten verrühren.

Tipp:
Als kleine Abendmahlzeit mit geröstetem Brot oder zur Salatplatte. Nicht zu lange stehen lassen, da der Salat sonst zu »zwiebelig« schmeckt.

Weißkohlsalat, roh

4 Portionen

1 kleiner Weißkohl
1 Zwiebel
2 Knoblauchzehen
6–7 EL Leinöl
Meersalz

1. Die Weißkohlblätter vom Strunk befreien und fein hobeln bzw. in feine Streifen schneiden.
Die Zwiebel und die Knoblauchzehen ebenfalls in Streifen schneiden und in Leinöl kurz erhitzen.

2. Die feinen Weißkohlstreifen gibt man roh in die heiße Sauce und vermischt alles miteinander. Diesen Weißkohlsalat kann man heiß oder kalt servieren.

Tipp:
1–2 Esslöffel Kokosflocken ergeben eine Geschmacksalternative.

Kräutersalat

2 Portionen

1 Stange Lauch
Borretsch
Spinat
Sauerampfer
Rucola
Majoran, möglichst frisch
Thymian
Zitronenmelisse
Minze
Estragon
Dill
Petersilie
6–7 EL Leinöl
1 Zitrone
1 TL Honig
2 Knoblauchzehen
150 g Buchweizen- oder Grünkerngrütze
2 EL Oleolux

1. Von der Lauchstange werden nur die feinen, weichen, hellen Anteile sehr fein geschnitten; von allen Kräutern und Salaten nimmt man etwa eine Handvoll und schneidet diese klein.

2. Aus Leinöl, Zitronensaft, Honig, den zerdrückten oder zerteilten Knoblauchzehen und den gesamten Kräutern mischt man eine Sauce und lässt diese 1 Stunde gut durchziehen.

3. Grünkern oder Buchweizen wird in geschmolzenem Oleolux angeröstet und dem Kräutersalat so knusprig beigemischt.

Tipp:

Dieser Kräutersalat ist sehr schmackhaft, von großem gesundheitlichem Wert und leicht bekömmlich.
Ist auch als kleine, feine Beilage ohne Grünkern oder Buchweizen eine gute aromatische Abwechslung.

Weißkohlsalat

4 Portionen

500 g Weißkohl
6–7 EL Leinöl
3 EL Apfelessig
Meersalz
schwarzer Pfeffer aus der Mühle
1 Msp. gemahlener Ingwer
1 große Zwiebel
1 Bund Frühlingslauch

1. Den Weißkohl fein hobeln. Man kann ihn mit kochendem Wasser kurz abbrühen oder auch roh zubereiten.

2. Öl, Essig, Salz, Pfeffer und eine gute Prise Ingwer zu einer Salattunke vermischen.

3. Die Zwiebel und die Lauchstange in sehr feine Streifen hobeln/schneiden und mit der Salattunke vermischen. Anschließend den Weißkohl unterheben und vor dem Servieren mindestens 1/2 Stunde durchziehen lassen.

Fenchelsalat mit Grapefruit

1–2 Portionen

1 große oder 2 kleine Fenchelknollen mit Kraut
1 Grapefruit
1 Orange
2 EL Leinöl
Meersalz
Honig

1. Die Fenchelknolle vom Strunk befreien und in ganz feine Streifen schneiden. Das Kraut klein zupfen. Die Grapefruit schälen und die Filets ohne Haut herausschneiden.

2. Die Orange auspressen und den Saft mit Leinöl, Meersalz und Honig zu einer Marinade verrühren. Die Fenchelstreifen untermischen und ca. 15 Minuten ziehen lassen. Nochmals durchmischen, nachschmecken und zusammen mit den Grapefruitfilets und dem gezupften Fenchelkraut anrichten.

Tipp:

Als kleine Mahlzeit gut mit etwas grob geriebenem Hartkäse geeignet. Wem die Grapefruit zu herb ist, kann man diese auch durch 1 bis 2 weitere Orangen ersetzen.

Zwiebelsalat als Beilage

4 Portionen

4 große Zwiebeln
1 saurer Apfel
1 Pfefferschote oder
roter Pfeffer aus der Mühle
1/2 Zitrone
2 EL Leinöl
Meersalz
1 Prise schwarzer Pfeffer
aus der Mühle
evtl. 1 EL Milch

1. Die Zwiebeln in feine Streifen oder Würfel schneiden. Den Apfel fein raspeln und die Pfefferschote klein schneiden. Zitrone, Leinöl, Salz und Pfeffer zu einer Marinade verrühren. Man kann die Schärfe etwas mildern durch die Zugabe von 1 Esslöffel Milch, die auch die Zitrone und das Öl besser bindet.

2. Anschließend Zwiebeln, Apfel und Pfefferschote mit der Sauce mischen. Dieser Salat ist geeignet als Zugabe zur Salatplatte, neben dem Quark-Leinöl-Dip oder als Beilage zu Kartoffeln und Gemüse, Reisgerichten mit Gemüse oder zu Buchweizenzubereitungen in herzhafter Form.

Rote-Bete-Apfel-Salat

1–2 Portionen

2 mittelgroße Knollen Rote Bete
1 herber Apfel (Cox Orange, Elstar)
2 EL Apfelsaft, 2 EL Apfelessig
2 EL Leinöl
Meersalz
Honig

Die Rote Bete und den Apfel schälen und grob raspeln. Aus dem Apfelsaft, Essig, Leinöl, Meersalz und Honig eine Marinade herstellen und unter den Salat mischen. Gegebenenfalls nochmals abschmecken und mindestens 15 Minuten ziehen lassen.

Tipp:

Nach Geschmack können Sie etwas Kümmelpulver in die Marinade geben; dies fördert die Verdauung und macht die Rote Bete bekömmlicher.
Als Ergänzung können Sie noch kleine Würfel aus Hartkäse zugeben.

Löwenzahnsalat

2 Portionen

250 g junger Löwenzahn
3 EL Leinöl
2 EL Milch
2 EL Quark
1 EL Apfelessig
2 Cornichons
Meersalz
1 Zwiebel

1. Den Löwenzahnsalat vorsichtig gut waschen – dabei auch die kurzen Stückchen der Wurzeln mit verwenden. Den Löwenzahn sehr fein schneiden.

2. Aus Leinöl, Milch, Quark, Apfelessig und Gurken im Mixer einen Dip zubereiten und mit Meersalz und ggf. etwas Senf abschmecken.

3. Die Zwiebel in feine Würfel schneiden und unter den Dip rühren (nicht mixen). Den Salat in dem Dip marinieren und nach Möglichkeit ca. 1 Stunde, kühl gestellt, durchziehen lassen.

Tipp:

Schmeckt auch gut mit Rucolasalat.

Spargelsalat mit Gurken-Dip

4 Portionen

1 kg Stangenspargel
(weiß oder grün)
250 g Quark
150 ml Leinöl
75 ml Milch, 1 EL Senf
5 kleine saure Gurken/Cornichons
Meersalz, 1/2 TL Honig

1. Den Spargel schälen, mit einem Zwirnfaden bündeln und in kochendes, leicht gesalzenes Wasser geben. Bissfest garen. Dann das Bündel herausnehmen, erkalten lassen und in etwa 5 cm lange Stücke schneiden.

2. Für den Gurken-Dip: Quark, Leinöl, Milch und Senf im Mixer gut mischen und zum Schluss die Gurken hineingeben. Alles fein pürieren und mit dem Honig abschmecken (evtl. mit etwas Sojasauce ergänzen). Die Spargelstücke mit dem Dip mischen.

Tipp:

Erstellen Sie aus den Spargelschalen einen Sud zum Garen, indem Sie diese kalt aufsetzen, kurz aufkochen und dann abseihen. Wenn Sie den Spargel darin garen, bleibt er geschmacksintensiver.
Nutzen Sie den Gurken-Dip auch gern einmal separat zu warmem Spargel. In den Wintermonaten ist grüner Spargel zu empfehlen.

Avocado mit Vollkorn-Dip gefüllt

2 Portionen als Vorspeise | kleines Gericht

1 reifere Avocado
2 Scheiben Vollkornbrot
2 EL Oleolux
4 Dillzweige
4 EL Basis-Dip (s. Seite 42)
Pfeffer aus der Mühle
Meersalz

1. Die Avocado waschen, längs halbieren und den Kern entfernen.

2. Das Vollkornbrot in kleine Würfel schneiden und mit dem Oleolux langsam in einer flachen Pfanne anrösten. Die Dillzweige ohne den Mittelstiel fein schneiden und mit dem abgekühlten Brot und dem Basis-Dip verrühren. Gegebenenfalls mit Pfeffer und Meersalz würzig abschmecken.

3. Diese Creme in die Aushöhlung des Avocadokerns füllen und auf einem Teller mit Blattsalaten anrichten.

Tipp:

Dekorieren Sie den Teller mit Würfeln aus Parmesan oder Emmentaler.

Avocado mit Orangen und Pinienkernen

2 Portionen als Vorspeise | kleines Gericht

2–4 Orangen
1 reifere, aber noch feste Avocado
4 EL Basis-Dip (s. Seite 42)
60 g Pinienkerne, geröstet
evtl. Honig nach Geschmack

1. Die Orangen schälen und ohne Zwischenhaut filetieren. Die Avocado waschen, schälen, halbieren und entkernen; dann längs in gleichmäßige Spalten schneiden.

2. Orangenfilets und Avocadospalten abwechselnd fächerartig anrichten.

3. Aus dem Basis-Dip, dem Saft aus den ausgepressten Orangen und den Pinienkernen eine Creme rühren, ggf. mit Honig abschmecken und über den Orangen-Avocado-Fächer geben.

Tipp:
Geben Sie in den Dip etwas Basilikum und/oder Gorgonzolastücke.

Suppen

»Das Nahrungsfett ist der Nerv der Ernährung.«

Gemüsebrühe

Basisrezept

für ca. 1/2 l Gemüsebrühe, je nach Glasgröße

1 kleine Zwiebel
1/2 kleiner Kohlrabi
2 Möhren
1/2 Stange Lauch
1/8–1/4 rote Paprika (entkernt)
1/2 TL Meersalz
1/2 TL Pfefferkörner
3 Petersilienzweige
3 Thymianzweige

1. Gemüse gründlich waschen und in ein großes Weckglas füllen. Dieses mit kaltem Wasser auffüllen, Salz und Pfeffer und die Petersilien- und Thymianzweige hinzugeben. Den Gummiring anfeuchten und fest verschließen.

2. Ca. 40 bis 50 Minuten bei 140 °C auf einem hohen Backblech/Fettwanne im Backofen, etwas in Wasser stehend, ziehen lassen.

Verwendung

Als Basisbrühe zum Trinken abgeschmeckt mit Kräutern oder Meersalz oder als Suppe mit der fein geschnittenen Gemüseeinlage.

Tipp:

Bitte gleich eine größere Menge herstellen, da häufig auch für Saucen und Dressings gebraucht.

Kartoffelsuppe

1–2 Portionen

1/4 l Gemüsebrühe
250 g frische, geschälte Kartoffeln
etwas Majoran
Pfeffer aus der Mühle
Muskat
2 EL Oleolux
50 ml Milch

1. In der Gemüsebrühe die geschälten, klein geschnittenen Kartoffeln weich kochen. Mit Majoran, Pfeffer, Muskat und Oleolux abschmecken und pürieren; ggf. durch ein Sieb geben.

2. Nach Geschmack kann man mit etwas Milch verdünnen.

Tipp:
Als Einlage passen in Oleolux gebratener Grünkern oder Porreestreifen. Je nach Saison empfehlen sich auch Pfifferlinge und Steinpilze und natürlich auch Nuss-Champignons.

Erbsen- oder Bohnensuppe

4 Portionen

250 g Erbsen oder weiße Bohnen
2 mittelgroße Kartoffeln
1 Stange Lauch
125 g Oleolux
evtl. etwas Paprikapulver
1 Msp. roter Pfeffer aus der Mühle
Majoran
Balsamico-Essig

1. Die Erbsen oder Bohnen waschen und 1/2 Tag einweichen, dann in kaltem Wasser aufkochen und bei niedriger Hitze garen. Kartoffeln waschen, schälen, würfeln und dazugeben; ebenso den klein geschnittenen Lauch.

2. Zum Schluss mit Oleolux, Paprika, Pfeffer, Majoran und Balsamico-Essig abschmecken.

Tipp:
Bei den weißen Bohnen ist die Verwendung von viel Paprika und rotem Pfeffer geschmacklich sehr wichtig.

Leinsaatklößchen als Suppeneinlage

4–6 Portionen

1 Tasse Gemüsebrühe
1 Tasse Leinsaat, nicht geschrotet
Meersalz
evtl. Pfeffer aus der Mühle

1. Die Gemüsebrühe im Topf auf ungefähr die Hälfte einkochen lassen und nachwürzen.

2. Die Leinsaat mit der Brühe im Mixer oder mit dem Stabmixer pürieren, in eine Schale füllen und kalt stellen.

3. Nach ca. 1/2 Stunde lässt sich die Masse wie Eierstich abstechen oder zu Klößchen formen. In heiße Brühe geben und servieren.

Tipp:

Die klare Gemüsebrühe mit den Leinsaatklößchen ist bei Kranken sehr beliebt, äußerst gut bekömmlich und appetitanregend.

Linsensuppe

4 Portionen

250 g Linsen
2 mittelgroße Kartoffeln
1 Stange Lauch
125 g Oleolux
evtl. etwas Paprikapulver
1 Msp. roter Pfeffer aus der Mühle
Majoran
Balsamico-Essig

1. Die Linsen waschen und 1/2 Tag einweichen, dann in kaltem Wasser aufsetzen, aufkochen und bei niedriger Hitze garen. Kartoffeln waschen, schälen, würfeln und dazugeben, ebenso den klein geschnittenen Lauch.

2. Zum Schluss mit Oleolux, Paprika, Pfeffer, Majoran und Balsamico-Essig abschmecken.

Tipp:

Weitere Geschmacksvarianten erhält man, wenn man Zwiebeln und Knoblauchzehen zerkleinert, mit Oleolux leicht anbräunt und diese Mischung kurz vor dem Servieren über die Linsensuppe gibt. So einfach dieses Rezept einerseits auch aussieht, so wichtig sind andererseits das Abschmecken und das Würzen.

Tomaten-Orangen-Suppe

1 Portion oder 2 kleine Portionen

300 g reife Strauch- oder Flaschentomaten
Meersalz
Pfeffer aus der Mühle
Saft von 1 Orange
2 EL Leinöl
ggf. etwas Honig
geröstete Pinienkerne
frische, gehackte Kräuter nach Geschmack

1. Tomaten waschen, entkernen, zerschneiden und mit Meersalz und Pfeffer würzen. Pürieren und durch ein Sieb streichen, so dass Schale und Kerne hängen bleiben.

2. Das entstandene Püree erhitzen, den Orangensaft und das Leinöl hinzugeben und ggf. nochmals mit Honig und Meersalz abschmecken. Vor dem Servieren die Pinienkerne und/oder Kräuter darüberstreuen.

Tipp:

Diese Suppe können Sie auch gut gekühlt in den Sommermonaten genießen (Erhitzen dann nicht notwendig). Dazu passt hervorragend in Oleolux gebratenes Vollkornbrot.

Kürbissuppe »Hokkaido«

4–6 Portionen

1 kleiner Hokkaido-Kürbis
2 EL Leinöl
1 EL Oleolux
1/4 l ungesüßter Orangensaft
1/2 l Gemüsebrühe
Meersalz
Honig
2–4 EL Kürbiskernöl, nach Geschmack
1–2 EL geröstete Kürbiskerne

1. Den Kürbis schälen, entkernen, in kleine Stücke schneiden und in Leinöl und Oleolux in einem Topf anschwitzen.

2. Mit Orangensaft und Brühe auffüllen und gar kochen. Dann mit dem Stabmixer pürieren und durch ein Sieb streichen. Gegebenenfalls noch etwas Brühe oder Saft nachgeben, falls die Suppe zu kompakt ist.

3. Mit Meersalz und Honig abschmecken und in Tellern anrichten.

4. Etwas Kürbiskernöl und geröstete Kürbiskerne darübergeben.

Tipp:

Variieren Sie diese Suppe durch Zugabe von etwas Jaipur- oder Madras-Currypulver.

Linsen und Staudensellerie in Gemüsebrühe

2 Portionen

1 Tasse grüne Linsen
100 g Oleolux
1/2 kleine Zwiebel,
in kleine Würfel geschnitten
1 Knoblauchzehe,
fein geschnitten
300 ml selbst hergestellte
Gemüsebrühe
3 Stangen Staudensellerie
2 EL glatte Petersilie
Balsamico-Essig
Meersalz
evtl. etwas Honig

1. Die Linsen in Wasser ca. 2 Stunden einweichen. In diesem Wasser die Linsen aufsetzen, aufkochen lassen und ca. 5 Minuten garen; dann abgießen und etwas abspülen. In einem größeren Topf das Oleolux schmelzen, Zwiebeln und Knoblauchzehen darin anschwitzen.

2. Die Linsen dazugeben, mit der Gemüsebrühe auffüllen und darin weitergaren lassen.

3. Den Staudensellerie putzen, von den Fäden befreien und in feine Scheiben schneiden; zu den Linsen geben. Mit gehackter Petersilie, Balsamico-Essig, Meersalz und evtl. Honig abschmecken.

Tipp:
Ein Apfel, in feine Würfel geschnitten, gibt dem Ganzen eine fruchtige Komponente: kurz vor dem Servieren unterrühren.

Getreide

»Fett ist lebensnotwendig, zentral wichtig für jede Lebensfunktion.«

Buchweizenbrei

Basisrezept

4–6 Portionen

1 Tasse Buchweizen
3 Tassen Wasser
(als Buchweizen kann man die ganzen Körner oder die feiner geschrotete Grütze verwenden)

1. Man gibt den Buchweizen in das kalte Wasser und lässt ihn bei sehr kleiner Hitze 1 Stunde lang quellen.

2. Diese Basismischung lässt sich vielseitig verwenden: als Einlage zu Gemüsebrühen oder in Kombination mit Milch und Buttermilch als Milchsuppe, gewürzt als Füllung für Gemüse oder in Verbindung mit Johannisbeeren als rote Grütze.

Tipp:

Diese körnige Form des Buchweizens ist mit wenig Salz schon sehr schmackhaft. Als Beilage zu vielen Gerichten gut bekömmlich.

Buchweizen, körnig

4 Portionen

2 Tassen Wasser
6–7 EL Oleolux
1 Tasse Buchweizen, körnig, oder 1 Tasse Buchweizengrütze
Meersalz

1. Das Wasser in einem Topf erhitzen.

2. In einer Stielpfanne, die am besten zuerst leer erhitzt wurde, bringt man das Oleolux zum Schmelzen und fügt dann sofort, noch bevor das Fett erhitzt wird, die trockene Buchweizengrütze oder die ganzen Buchweizenkörner hinein. Nun das Ganze kurz, höchstens 3 Minuten lang, erwärmen, bis das gesamte Fett vom Buchweizen aufgenommen ist. Diese Masse in das bereitstehende, kochende Wasser geben und gut durchrühren.

3. Das gesamte Wasser wird vom Buchweizen aufgesogen. Bei sehr kleiner Hitze noch 15 bis 30 Minuten nachquellen, je nachdem, ob man Buchweizengrütze oder ganzen Buchweizen genommen hat.

Buchweizengrütze, pikant

2 Portionen

1 Tasse Wasser
100 g Oleolux
1 Tasse Buchweizen
1/2 TL Meersalz
2 Tropfen Tabasco
1 EL Sojasauce

1. Das Wasser in einem Topf zum Kochen aufstellen.

2. Eine Stielpfanne erwärmen, darin das Oleolux zum Schmelzen bringen und sofort den Buchweizen, am besten in körniger Form, dazugeben und mit Meersalz bestreuen. Den Buchweizen unter ständigem Rühren maximal 30 Sekunden anrösten und in das bereitstehende, kochende Wasser geben. Die Hitzezufuhr abschalten und den Buchweizen nachquellen lassen. Dieser nimmt das gesamte Wasser auf und bleibt trotzdem schön körnig. Mit Sojasauce und Tabasco abschmecken.

Tipp:
Geben Sie zum Garen in den Topf einige Kräuterzweige hinzu, z. B. Rosmarin oder Thymian.

Buchweizengrütze als Suppe

3–4 Portionen

1 Tasse Buchweizengrütze
3 Tassen Wasser
Gemüsebrühe jeglicher Art, besonders Pilzbrühe von 250 g frischen Champignons im Winter, im Sommer von 500 g frischen gemischten Pilzen
Meersalz
Sojasauce
1/2 TL rotes Paprikapulver
1 EL Hefeflocken oder Hefeextrakt
6–7 EL Oleolux

1. 1 Tasse Buchweizengrütze mit 3 Tassen Wasser auf sehr kleiner Hitze 1 Stunde lang gar quellen. Durch die Zugabe von verschiedensten Gemüsebrühen von Lauch, Spinat, grünen Bohnen, Sellerie oder einer Kombination diverser Gemüse wird der Buchweizen zu einer nicht zu dünnen Suppe verdünnt.

2. Bei der angegebenen Menge Buchweizen schmeckt man ab mit 1 bis 2 Esslöffeln Sojasauce, 1 Esslöffel Hefeflocken, 1/2 Teelöffel Paprikapulver und gibt zuletzt das Oleolux hinzu.

3. Durch Verrühren und ggf. weitere Zugabe von Hefeflocken muss das Fett gebunden sein, so dass es nicht auf der Suppe schwimmt.

Tipp:

Diese Buchweizensuppe ist ausgezeichnet bekömmlich für die Kranken und Rekonvaleszenten. Sie soll abends als einziges Gericht gegeben werden und muss daher täglich anders abgeschmeckt werden, z. B. durch Auswechseln der Gemüsebrühen und der Gewürze.

Sauerkrautsuppe mit geröstetem Buchweizen

4 Portionen

1/2 l Wasser
250 g Sauerkraut
125 g Oleolux
1 TL Paprika
1/2 TL Meersalz
1 TL Kümmel, ganz
1/2 TL Kümmel, gemahlen
250 g Buchweizen, körnig

1. Das Wasser zum Kochen bringen und das kurz geschnittene Sauerkraut hineingeben. Sofort anschließend gibt man in eine vorgeheizte Stielpfanne das Fett, Paprika, Salz und den Kümmel und in diese geschmolzene Mischung den ganzen Buchweizen. Diesen ein paar Sekunden lang anrösten und zusammen mit dem Fett in das sprudelnd kochende Sauerkraut geben.

2. Je nachdem, wie viel Wasser verkocht ist, wird so viel Wasser hinzugegeben, dass eine Suppe entsteht. Diese sollte schnell serviert werden, damit der Buchweizen noch kross ist. Er sollte dennoch gut gegart sein.

Tipp:
Diese Suppe nach russischem Rezept ist auch für unseren Gaumen sehr viel angenehmer als erwartet. Auch für Schwerkranke erfrischend und gut bekömmlich.

Tomatenreis

4–6 Portionen

2 Tassen Vollkornreis
4 Tassen Wasser
1 Tasse Kokosraspel
1 große Zwiebel, fein gewürfelt
5 Spritzer Tabasco
etwas schwarzer und roter Pfeffer aus der Mühle
500 g Tomaten, klein geschnitten (Kerne entfernen, evtl. sogar häuten)
1 EL Curry (Madras- oder Jaipur-Curry)
3 EL Oleolux
3 EL Leinöl
Meersalz

1. Den Vollkornreis bringt man zusammen mit dem Wasser bei geringer Hitze bis zum Aufwallen und reduziert die Wärmezufuhr, so dass der Reis mehr durch Quellen als durch Kochen gart. Nachdem der Reis noch schön körnig, aber schon fast gar ist, die Kokosraspel, die Zwiebel, Tabasco, Pfeffer, Tomaten und den Curry hinzufügen und alles maximal 5 Minuten weiterkochen.

2. Erst kurz vor dem Servieren das Oleolux und das Leinöl unter den heißen Reistopf rühren.

Varianten

Streuen Sie auf den fertigen Tomatenreis 250 g geriebenen Emmentaler oder alten Gouda und überbacken Sie die Speise kurz.
Auch Kräuterkäse ist zum Bestreuen geeignet, dann reichen jedoch 125 g.

Rumänische Suppe

4–6 Portionen

125 g Sojamehl
125 g Vollkornmehl
2 EL Oleolux
125 g Zwiebeln, klein geschnitten
ca. 1 l Wasser
2 TL Paprikapulver
1/2 TL Meersalz

1. Aus Sojamehl und Vollkornmehl wird durch allmähliche Zugabe von wenig Wasser ein gleichmäßiger, aber fester Teig zubereitet.

2. In einer vorgewärmten, ziemlich hohen Pfanne bringt man das Oleolux zum Schmelzen, gibt die Zwiebel in das Fett und reibt nun unter gutem Umrühren in der Pfanne den gesamten Teig als Reibebrösel in die Pfanne.

3. Nach kurzem Anrösten 1/2 l Wasser hinzufügen, 1 Teelöffel Paprika und das Salz. Das Ganze nur kurz aufwallen lassen, damit die Brösel ein wenig garen, aber nicht zerkochen.

Tipp:

Je nach Bedarf kann man die Suppe noch ein wenig mit Wasser verdünnen oder auch als ziemlich dicke und stark gewürzte Suppe servieren. Für Kranke sehr geeignet.

Grünkern-Pfannkuchen mit Bananen-Curry-Dip

2–4 Portionen

1/4 l Milch
125 g Vollkornmehl
2 Eier
1 EL Leinöl
Meersalz
100 g gegarter Grünkern
Palmfett zum Braten

Bananen-Curry-Dip:
4 EL Basis-Dip (s. Seite 42)
1 Banane
Jaipur-Curry
etwas Honig

1. Milch, Mehl, Eier, Leinöl und Meersalz miteinander verrühren und 15 Minuten quellen lassen. Den gegarten Grünkern ohne Flüssigkeit unter den Teig heben und die Pfannkuchen in Palmfett ausbraten.

2. Banane in kleine Stücke schneiden und mit dem Basis-Dip, Curry und Honig mischen; würzig abschmecken. Separat zum Pfannkuchen servieren.

Tipp:

Als Zugabe passt sehr gut der Fenchelsalat von Seite 69.

Linsen-Buchweizen-Pfannkuchen mit Dattelcreme

2–4 Portionen

1/4 l Milch
50 g Roggenvollkornmehl
75 g Buchweizenmehl
2 Eier
1 EL Leinöl
Meersalz
etwas Honig
150 g gegarte bunte Linsen (gelbe, rote, grüne)
50 g Oleolux zum Anbraten
4 EL Basis-Dip (s. Seite 42)
4 EL fein geschnittene Datteln
evtl. Curry

1. Alle angegebenen Zutaten (außer den Linsen) miteinander verrühren und 15 Minuten stehen lassen. Die separat in wenig Wasser oder Gemüsebrühe gegarten Linsen abtropfen lassen und unter den vorbereiteten Teig rühren. In Oleolux vorsichtig ausbraten.

2. Für die Dattelcreme 4 Esslöffel Basis-Dip mit 4 Esslöffeln fein geschnittenen Datteln verrühren; nach Geschmack mit etwas Curry verfeinern und separat zu den Pfannkuchen reichen.

Tipp:

Reichen Sie dazu den Kräutersalat (s. Seite 51). Die Pfannkuchen sind kalt aufgerollt auch gut als Vorspeise zu verwenden.

Wirsing-Pfannkuchen mit Paprika-Dip

2–4 Portionen

1/4 l Milch
125 g Roggenvollkornmehl
2 Eier
1 EL Leinöl
Meersalz
etwas Muskat
150 g heller Wirsing, in feine Streifen geschnitten
50 g Oleolux zum Anbraten
4 EL Basis-Dip (s. Seite 42)
je 1/2 rote, grüne und gelbe Paprikaschote

1. Milch, Mehl, Eier, Leinöl, Meersalz und Muskat miteinander verrühren und 15 Minuten quellen lassen. Die Wirsingstreifen in kochendem Wasser kurz angaren, kalt abschrecken, ausdrücken und unter den Teig heben.

2. Langsam in Oleolux anbraten und direkt servieren.

3. Für den Paprika-Dip je 1/2 rote, grüne und gelbe Paprikaschote schälen und in feine Würfel schneiden. Mit 4 Esslöffeln Basis-Dip verrühren und evtl. mit ein paar Thymianspitzen verfeinern. Separat zu den Pfannkuchen servieren.

Tipp:

Sie erreichen bei den Pfannkuchen mehr Lockerheit, wenn Sie das Eiklar vorher zu Eischnee schlagen und unterheben.
Servieren Sie dazu einen Feldsalat in Vinaigrette.

Spaghettini à la Diabolo

2 Portionen

120–200 g Vollkorn-Spaghettini
1 kleine Zwiebel
je 1/2 rote und gelbe Paprikaschote
1 EL Oleolux
100 g kleine Nuss-Champignons
Pfeffer aus der Mühle
1/2 Rezept »Tomatensauce«, ohne Paprika zubereitet (s. Seite 49)
1 Knoblauchzehe
1 EL Leinöl
Tabasco und Jaipur-Curry nach Gusto
etwas Majoran oder Basilikum

1. Nudeln wie auf der Packung angegeben kochen, abgießen und kurz heiß abspülen. Für die Sauce Zwiebeln und Paprika schälen, in feine Würfel schneiden und in Oleolux anschwitzen. Die Champignons in Scheiben schneiden, hinzufügen und pfeffern.

2. Mit der Tomatensauce auffüllen und mit Knoblauch, Leinöl, Jaipur-Curry, Tabasco und Kräutern pikant nach Gusto abschmecken. Die heißen Spaghettini unter die Tomaten-Pilz-Mischung heben oder separat servieren.

Tipp:

Servieren Sie dazu den Kräutersalat (s. Seite 68).

Farfalle mit cremigem Pesto

2 Portionen

120–200 g Vollkorn-Farfalle
10 größere Blätter Basilikum, grob zerkleinert
2–6 EL geriebener Parmesan, am besten Parmesan Reggiano, je nach Geschmack
Meersalz
2 EL geröstete Pinienkerne
2 EL Leinöl
1–2 Knoblauchzehen
2 EL Olivenöl
3 EL Basis-Dip (s. Seite 42)

1. Nudeln wie auf der Packung angegeben kochen, abgießen und kurz heiß abspülen.

2. Basilikum, Parmesan, Pinienkerne, Leinöl und Basis-Dip kurz durchmixen.

3. Eine warme Pfanne mit Knoblauch ausreiben und das Olivenöl darin erwärmen, anschließend die Pasta hinzufügen und mit den anderen Zutaten durchschwenken.

Tipp:
Dazu passen ganz hervorragend geschmorte Tomaten.

Rigatoni mit Pfifferling-Petersilien-Sauce

2 Portionen

150 g Vollkorn-Rigatoni
200 g geputzte Pfifferlinge
1 EL Oleolux
Meersalz
Pfeffer aus der Mühle
4 EL Basis-Dip (s. Seite 42)
2 EL gehackte, glatte Petersilie
evtl. etwas Balsamico-Essig

Gern können Sie auch andere Pilze wie Champigons, Steinpilze, Shiitake-Pilze o. Ä. verwenden.

1. Nudeln wie auf der Packung angegeben kochen, abgießen und kurz heiß abspülen.

2. Geputzte, vorher kurz gewaschene und evtl. geschnittene Pfifferlinge in Oleolux anschwitzen. Würzen und den Basis-Dip bei kleiner Hitze dazugeben. Die heiße Pasta hinzufügen, mit der gehackten Petersilie bestreuen und durchschwenken.

3. Nach Gusto mit etwas Balsamico-Essig verfeinern und sofort servieren.

Tipp:

Stellen Sie sich aus 60 g glatter Petersilie, 1 Prise Meersalz, 2 Esslöffeln Leinöl und 2 Esslöffeln Olivenöl im Mixer ein Petersilienöl her, und beträufeln Sie damit das Gericht.

Vollkornnudeln mit mildem Blauschimmelkäse

1–2 Portionen

70–100 g Vollkornnudeln
2–3 EL Sahne
1 EL Oleolux
60 g milder Blauschimmelkäse
2 EL Basis-Dip (s. Seite 42)
Meersalz
Obstessig

1. Die Vollkornnudeln Ihrer Wahl in leicht gesalzenem Wasser nach den Angaben auf der Packung kochen, abgießen und mit heißem Wasser abspülen.

2. Zurück in den Topf schütten und die Sahne, Oleolux, Blauschimmelkäse und den Basis-Dip dazugeben.

3. Durchmischen und evtl. mit Meersalz und einigen Spritzern Obstessig abschmecken.

Tipp:

Geben Sie pro Person 1/2 reife Birne, geschält und in Spalten geschnitten, unter die Nudeln.

Variante

Kochen Sie die Nudeln doch einfach einmal in Gemüsebrühe.

Gemüse

»Alle Gemüse sollten möglichst frisch sein.«

Spargel mit Dip

2 Portionen

1 kg Spargel
150 ml Leinöl
75 ml Milch
1 TL Senf
Meersalz
250 g Quark
1/2 Banane

1. Den Spargel waschen, schälen und mit einem Zwirnfaden gebündelt in gesalzenem Wasser ca. 10 Minuten ziehen lassen.

2. Im Mixer Leinöl, Milch, Senf und eine Prise Meersalz gut mischen und nach und nach den Quark dazugeben. Zum Schluss 1/2 Banane in den Mixer geben und kurz untermixen.

Tipp:

Die Spargelschalen in Wasser kurz aufkochen und anschließend abseihen. Die Spargelstangen in diesem Sud gar ziehen lassen, das erhöht die Geschmacksintensität.

Der besondere Tipp ...

Dieser Dip kann sowohl zu heißem als auch zu kaltem Spargel gereicht werden.
Das Gericht ist sehr empfehlenswert bei erschwerter Wasserausscheidung.

Rosenkohl 1 mit Majoran

2–4 Portionen

500 g Rosenkohl
2 EL Sojasauce
1 EL Majoran
2 EL Oleolux

Den Rosenkohl putzen, ggf. klein schneiden und 10 Minuten in kochendem Wasser knackig garen. Das Wasser anschließend abgießen, Oleolux, Majoran, Sojasauce in den heißen Topf geben und gut schwenken. Sofort servieren.

Tipp:

Dazu passt als Sauce gut der Basis-Dip.

Der besondere Tipp ...

Diese Zubereitung ist besonders schmackhaft, weil der Rosenkohl mit Majoran von außen sehr würzig schmeckt und von innen mild ohne Salz zubereitet ist.

Rosenkohl 2 mit Sojasauce

2–4 Portionen

500 g Rosenkohl
100 g Oleolux
2 EL Sojasauce
1 Prise weißer Pfeffer aus der Mühle
1 Prise roter Pfeffer aus der Mühle
etwas Meersalz

1. Den Rosenkohl säubern, putzen, ggf. halbieren und mit wenig Wasser oder im Dampfgartopf bissfest kochen.

2. Das Wasser abgießen und den Rosenkohl mit Oleolux, Sojasauce, Pfeffer und etwas Meersalz mischen.

Topinambur (Erdartischocke) als Püree oder gebraten

2 Portionen

500 g Topinambur
Meersalz
2 EL Oleolux
2 EL Leinöl

1. Die Topinambur waschen und 2/3 der Gesamtmenge schälen. In etwas Wasser mit Meersalz weich dünsten, bis die Flüssigkeit eingekocht ist. Durch ein Sieb streichen und mit Oleolux abschmecken.
2. Das restliche Drittel der Topinambur in ca. 1 cm dicke Scheiben (mit Schale) schneiden und in Leinöl gar braten – nicht zu heiß.
3. Die gebratenen Scheiben auf dem Püree anrichten.

Tipp:

Dazu einen Feldsalat in Apfel-Honig-Dressing (s. Seite 56).

Rote-Bete-Gemüse mit Birnen und Mandeln

1 Portion

1 Rote-Bete-Knolle
2 EL Leinöl
Meersalz
etwas gemahlener Kümmel
2 EL Himbeeressig
1 reife Birne
2 EL ganze Mandeln, angeröstet

1. Die Rote Bete schälen, in Streifen schneiden und mit dem Leinöl, dem Meersalz und Kümmel anschwitzen. Mit etwas Wasser ablöschen und mit Deckel abgedeckt knackig garen. Den Himbeeressig zugeben.

2. Die Birne schälen, entkernen und in Spalten schneiden. Nur kurz zusammen mit der Roten Bete erwärmen, damit sie keine Farbe annimmt. Mikadoartig mit den gerösteten Mandelkernen anrichten.

Artischocken mit Quark-Leinöl-Dip

2–3 Portionen

5 Artischocken
150 ml Leinöl
75 ml Milch
1 EL Senf
Meersalz
250 g Quark
3 kleine Gewürzgurken/Cornichons
1 EL Petersilie oder Schnittlauch oder Majoran

1. Die Artischocken werden nach dem Entfernen der harten Anteile am Stiel und an den Blattspitzen in Salzwasser gekocht, bis sich die äußeren Blätter leicht ablösen lassen. Nach Geschmack kann auch eine Knoblauchzehe mitgekocht werden.

2. Im Mixer aus Leinöl, Milch, Senf, Meersalz und Quark eine Creme zubereiten und zuletzt die Gurken mitmixen, alles fein pürieren.

3. Die Kräuter unterschiedlich dazu verwenden: Petersilie kann gleich mitgemixt werden, Schnittlauch und Majoran am besten fein geschnitten unterheben.

4. Man serviert nun diesen Dip zu den heißen Artischocken, löst die Blätter einzeln ab und tunkt diese in den Dip. Zum Schluss bleibt der Artischockenboden übrig, der am besten mit reichlich Dip überschichtet gegessen wird.

Tipp:

Etwas gehackter Knoblauch und gegartes Tomatenfleisch geben dem Gericht als Beilage eine mediterrane Note.

Der besondere Tipp ...

Dieses Gericht stellt wegen der sehr günstigen Wirkung auf Leber und Fettstoffwechsel eine ausgezeichnete Krankenkost dar.

Spinatgemüse 1

1–2 Portionen

2–3 große Zwiebeln
500 g frischer Spinat oder
250 g TK-Blattspinat
2 EL Sojasauce
1 Handvoll geriebener Käse
oder Blauschimmelkäse
3 EL Oleolux

1. Zwiebeln schälen und in Streifen schneiden. In eine große, vorgewärmte Stielpfanne den Spinat flach einschichten und mit etwas Wasser angießen. Zugedeckt kurz angaren. Die Zwiebelstreifen auf das Spinatgemüse schichten, Sojasauce darübergießen und ein paar Minuten zugedeckt weitergaren. Mit einem Pfannenwender den Spinat zu einem Halbmond klappen.

2. Den Spinat auf einer länglichen Platte anrichten, mit einer Handvoll geriebenem Käse überstreuen und zuletzt das geschmolzene Oleolux darübergießen.

3. Restliche Flüssigkeit aus der Pfanne mit etwas Meersalz, Hefeflocken oder -extrakt, Sojasauce sowie Oleolux abschmecken und dazutrinken.

Spinatgemüse 2

1–2 Portionen

1 Knoblauchzehe
2 Stangen Lauch
4 EL Oleolux
500 g Spinat oder
250 g TK-Blattspinat
Muskat
schwarzer Pfeffer aus der Mühle
Meersalz

1. Den Knoblauch klein schneiden und den Lauch in feine Scheiben schneiden; in Oleolux anschwitzen.
2. Den gewaschenen bzw. aufgetauten Spinat dazugeben, mit etwas Wasser angießen und im geschlossenen Topf 3 bis 5 Minuten, je nach Geschmack mit Muskat, Pfeffer und Salz etwas gewürzt, garen. Die Flüssigkeit sollte fast eingekocht sein.

Varianten

- Heben Sie Basilikumstreifen unter den Spinat, und bestreuen Sie alles mit gerösteten Pinienkernen.
- Pürieren Sie den Spinat mit 3 Esslöffeln Basis-Dip (s. Seite 44) zu einer cremigen Masse.
- Lassen Sie in dem Rahmspinat wie unter b beschrieben noch 100 g milden Blauschimmelkäse schmelzen.

Schwarzwurzeln

1–2 Portionen

500 g Schwarzwurzeln
ca. 1/2 l Vollmilch
Meersalz
Muskat

1. Die Schwarzwurzeln gründlich waschen, schälen, die Enden abschneiden und sofort in Milch legen.

2. In der gewürzten Milch die Schwarzwurzeln langsam bissfest garen und in der Flüssigkeit erkalten lassen.

3. In schräge, breite Scheiben schneiden und als Gemüsebeilage verwenden.

Varianten

- Wie oben beschrieben zubereiten und in ca. 3 cm lange Stücke schneiden. Mit Kräuterdip servieren.

- Wie oben zubereiten, aber in dünne Scheiben schneiden und als Einlage für die Gemüsebrühe verwenden. Die Garflüssigkeit mit 2 Esslöffeln Oleolux mixen, erhitzen und über die Schwarzwurzelscheiben geben.

Tipp:

Als würzige Beigabe passen gut in Oleolux geröstete Pumpernickel- oder Schwarzbrotwürfel.

Sauerkraut

Grundrezept

2 Portionen

125 g Oleolux
1 große Zwiebel, in Streifen
250 g Sauerkraut
1 EL Kürbiskernöl
etwas Meersalz
nach Geschmack etwas Thymian und Wacholder

1. In einer Stielpfanne das Oleolux schmelzen und die Zwiebeln darin anschwitzen. Das Sauerkraut dazugeben, gut verrühren und erhitzen.
2. Vom Herd nehmen und mit dem Kürbiskernöl vermengen. Nach Geschmack würzen und/oder Kräuter zugeben. Als Beilage Kartoffelbrei oder Ofenkartoffeln.

Tipp:

Das Sauerkraut evtl. vorher ausdrücken, um die Säure zu verringern. Mit 2 Esslöffeln Kartoffelpüree mischen und als Sauerkrautpüree servieren.

Sauerkraut mit Paprika »Szegediner Art«

2 Portionen

2 Paprikaschoten, gelb und rot
125 g Oleolux
1 große Zwiebel, in Streifen
250 g Sauerkraut
etwas Meersalz
1/2 TL frische Thymianspitzen
1 EL Sojasauce
1/2 TL Honig

1. Die gewaschenen Paprikaschoten vierteln, entkernen und in feine Streifen schneiden, evtl. etwas Meersalz darüberstreuen. In einem flachen, großen Topf das Oleolux schmelzen und die Zwiebelstreifen darin anschwitzen.

2. Sauerkraut und Paprika hinzugeben, verrühren und garen. Eventuell etwas Wasser und/oder Weißwein zugeben.

3. Mit Meersalz, Thymian, Sojasauce und Honig abschmecken.

Tipp:
Dazu passen zerdrückte Kartoffeln mit Mandelmilch (s. Seite 121) oder Ofenkartoffeln mit Kräutern.

Lauch (Porree) als Gemüse

2 Portionen

3 Stangen Lauch mittlerer Größe
1 EL Oleolux
1 EL Sojasauce
Honig
evtl. Meersalz

1. Die Lauchstangen putzen, waschen, in breite Streifen schneiden. In Wasser ohne Zugabe von Salz garen, ggf. den Sud abgießen und aufbewahren.

2. Über das heiße Gemüse das Oleolux und die Sojasauce gießen, ggf. mit Honig und Meersalz abschmecken und sofort servieren.

Tipp:

Der Sud eignet sich ausgezeichnet als Trinkbrühe (dann etwas mehr Wasser zum Garen verwenden). Diese mit Paprika, Sojasauce und Oleolux abschmecken. Bei Verwendung von reichlich Fett, wenn dies bei einem Kranken angebracht ist, sollte man das Fett durch die Zugabe von Hefeflocken binden, damit es nicht mehr sichtbar ist.

»Die Zugabe von Eiweiß in Form von Hefeflocken ist von hohem gesundheitlichem Wert und nicht nur als Geschmacksgeber gedacht.«

Dr. Johanna Budwig

Grüne Bohnen

2 Portionen

500 g grüne Bohnen
1 Strauß Bohnenkraut
3 EL Oleolux
2 Knoblauchzehen
1 EL Sojasauce
1/2 TL Meersalz

1. Die Bohnen werden gesäubert, von den Fäden befreit und in Stücke geschnitten. Mit wenig Wasser unter der Zugabe von einem Strauß frischem Bohnenkraut (oder in getrockneter Form) und einer ganzen Knoblauchzehe gar kochen.

2. In einer Schüssel aus geschmolzenem Oleolux, klein geschnittenem Knoblauch, Sojasauce, Meersalz und evtl. Paprika eine Sauce bereiten. Die Bohnen abgießen, in die Schüssel zu der Sauce geben und vermengen.

Der besondere Tipp ...

Den Garsud der Bohnen als Trinkbrühe abschmecken mit Sojasauce und Meersalz oder mit Hefeflocken oder als zusätzliche Geschmacksvariante mit Tomatenmark oder geriebenem Käse zubereiten.

Grünkohl

2 Portionen

500 g Grünkohl, netto ohne Strünke
100 g Oleolux
1 kleine Zwiebel, klein geschnitten
1 Knoblauchzehe, klein geschnitten
Muskat
je 1 Msp. schwarzer, roter und weißer Pfeffer aus der Mühle
Meersalz

1. Den Grünkohl waschen, vom Strunk befreien, etwas klein rupfen und gut weich kochen.

2. In einer erhitzten Stielpfanne das Oleolux schmelzen, und Zwiebel und Knoblauch darin glasig anschwitzen. Den heißen Grünkohl abtropfen lassen, mit der Oleolux-Mischung vermengen und ggf. nachwürzen und mit etwas Wasser fertigstellen.

Tipp:

Sie können auch naturbelassenen gefrorenen Grünkohl verwenden.

»In dieser Form schmeckt der Grünkohl besser als in Verbindung mit einer Kochwurst oder Pinkel und Bauchfleisch.«

Dr. Johanna Budwig

2. In einem separaten Topf das Oleolux schmelzen, den klein geschnittenen Knoblauch und die Sojasauce dazugeben. Den Garsud der Fenchelknollen abgießen und als Gemüsebrühe weiterverwenden.

3. Die Fenchelknollen anrichten, die Oleolux-Sojasauce über die Fenchelknollen geben, darüber den Käse streuen und kurz im Backofen mit Oberhitze gratinieren (nicht zu lange, da dies die Bekömmlichkeit des Gerichts beeinträchtigt).

Fenchel als Gemüse

2 Portionen

4 Fenchelknollen
4 EL Oleolux
1 Knoblauchzehe
1 EL Sojasauce
1 Handvoll geriebener Käse

1. Die Fenchelknollen von den harten Stielen befreien, der Länge nach halbieren und flach in einer Stielpfanne anordnen. Mit wenig Wasser garen, ggf. etwas Bohnenkraut dazugeben.

Weißkohlgemüse

2–4 Portionen

1 kleiner Weißkohl
1 Zwiebel
2 EL Oleolux
50 ml Leinöl
2 Knoblauchzehen
nach Geschmack 2 EL Kokosraspel
Pfeffer aus der Mühle
Meersalz

1. Die Weißkohlblätter vom Strunk befreien und fein schneiden; maximal 10 Minuten in leichtem Salzwasser schwach aufkochen.

2. Die Zwiebel klein schneiden und in Oleolux glasig garen. Dann das Leinöl mit der Knoblauchzehe und ggf. die Kokosraspel hinzufügen; alles gut miteinander verrühren.

3. Die Weißkohlstreifen im Sieb abtropfen lassen und zu der Fett-Zwiebel-Mischung geben. Alles gut mischen, mit Meersalz und Pfeffer aus der Mühle abschmecken und sofort servieren.

Erbsenpüree

2 Portionen

400 g frische oder TK-Erbsen (aufgetaut)
Meersalz
1 EL Oleolux
evtl. Pfeffer aus der Mühle
evtl. geröstete Pinienkerne

1. Die Erbsen im Mixer evtl. unter Zugabe von etwas Wasser fein pürieren.

2. In einem Topf 2 Esslöffel Wasser erhitzen, bis dieses fast verkocht ist (so verhindern Sie das Ansetzen). Das Püree in den Topf geben und während des Erhitzens mit einem Gummischaber rühren. Mit Meersalz und Oleolux abschmecken. Eventuell 1 Esslöffel geröstete Pinienkerne darüberstreuen.

3. Als Beilage zu Buchweizenpfannkuchen oder Reis.

Tipp:

Die Erbsen am besten über Nacht im Kühlschrank auftauen lassen.
Feine Streifen von Minze oder Zitronenmelisse geben eine willkommene, frische Abwechslung.

Pilzgericht

1 Portion

100 g Champignons
1 Tasse Wasser
1 Knoblauchzehe
Meersalz
je 1 Msp. roter, weißer und schwarzer Pfeffer aus der Mühle
2 EL Oleolux
1 EL Kürbiskernöl
2 EL Hefeflocken
3 EL Leinsaat, geschrotet
Kräuter wie Thymian, Salbei, Rosmarin

1. Die Pilze in gleich große Scheiben schneiden und mit 1 Tasse Wasser zum Kochen bringen.

2. Den Knoblauch schneiden und mit Salz und Pfeffer zu den Pilzen geben; ca. 10 Minuten gar kochen.

3. Nun das Oleolux und das Kürbiskernöl zufügen, gut miteinander verrühren und zum Schluss die Hefeflocken und die Leinsaat dazugeben. Verrühren und vom Herd nehmen. Kräuter darüberstreuen.

Tipp:

Sie können natürlich auch Pfifferlinge, Steinpilze, Shiitake- oder Austernpilze verwenden.

»Dieses Pilzgericht ist ausgezeichnet geeignet als Beilage zur Gemüseplatte, als Brotbelag oder zu Reis- und Buchweizengerichten. Es ist von hohem gesundheitlichem Wert und den Kranken meistens willkommen.«

Dr. Johanna Budwig

Apfelrotkohl

4 Portionen

1 kleiner Rotkohl
50 ml Apfelessig
50 ml Himbeeressig
Meersalz
4 EL Leinöl
Honig
50 ml Orangensaft
100 ml Apfelsaft
1/4 l Rotwein
Pfeffer aus der Mühle
3–4 Cox-Orange-Äpfel

1. Den Rotkohl von den äußeren Blättern und dem Strunk befreien und in feine Streifen schneiden. Aus dem Essig, Meersalz, Leinöl, Honig, Orangen-, Apfelsaft, Rotwein und Pfeffer eine Marinade herstellen und unter den Rotkohl mischen.

2. Mindestens 3 Stunden ziehen lassen. Die Flüssigkeit abgießen und in einem größeren Topf auf die Hälfte einkochen; den Rotkohl dazugeben und 15 bis 25 Minuten bei geschlossenem Deckel garen – ggf. noch einmal abschmecken.

3. Nach Gusto die geschälten Äpfel raspeln und unter den warmen Kohl heben oder in Spalten schneiden, kurz in Apfelsaft dünsten und separat dazu reichen.

Tipp:

Als Geschmacksvariante empfiehlt sich hier die Zugabe von etwas Zimt und Mandeln.

Weiße Bohnen mit Paprika

2 Portionen

250 g große, weiße Bohnen (Corona, Fiagioli), über Nacht einweichen
200 ml Gemüsebrühe
Meersalz
je 1 gelbe und rote Paprikaschote
3 EL Oleolux
Pfeffer aus der Mühle
2–3 EL Balsamico-Essig
4–5 Salbeiblätter

1. Die Bohnen in der Gemüsebrühe langsam mit etwas Meersalz garen.

2. Paprika vierteln, entkernen und in gleich große Stücke schneiden, die etwa die Größe der Bohnen haben.

Anschließend in Oleolux mit Meersalz und Pfeffer gewürzt in der Pfanne anschwitzen. Die Bohnen abgießen und noch warm zu dem Paprikagemüse in die Pfanne geben. Mit dem Balsamico-Essig ablöschen und mit Meersalz und ggf. Pfeffer nachschmecken.

3. Salbei in feine Streifen schneiden und untermischen. Auf einem Teller mittig anrichten und rundherum mit etwas Tomatensauce dekorieren.

Tipp:

Dazu schmecken kross gebratene Kartoffelstücke und, wer mag, angeschwitzter Knoblauch.

Kürbisgemüse mit Kürbiskernen und Gorgonzola

3–4 Portionen

1 kleiner Hokkaido-Kürbis
2–3 EL Oleolux
Meersalz
2 EL Himbeeressig
100 ml Weißwein
2 Thymianzweige
150 g Gorgonzola
3 EL Kürbiskernöl
3–4 EL Kürbiskerne

1. Den Kürbis schälen, entkernen und in grobe Würfel oder Stifte schneiden.
2. In Oleolux anschwitzen, mit Meersalz würzen und mit dem Himbeeressig ablöschen.
3. Weißwein und Thymianzweige hinzugeben, abgedeckt garen und etwas reduzieren lassen. Anrichten und den Gorgonzola in kleinen Stücken darauf verteilen.
4. Mit Kürbiskernöl umgießen und die Kürbiskerne darüberstreuen.

Tipp:

Eine tolle Geschmacksvariante erhalten Sie durch Zugabe von 1 Teelöffel fein geriebenem, frischem Ingwer.

Gebratene Steckrübe mit Sojasauce

1–2 Portionen

250 g geschälte Steckrübe, in dicke Stifte geschnitten
2 EL Oleolux
Meersalz
Sojasauce
Honig
Basis-Dip (s. Seite 42)

Die Steckrübenstifte in Oleolux langsam in einer großen Pfanne gar braten und mit Meersalz würzen. Anrichten und mit etwas Sojasauce und Honig übergießen.
Dazu eine Schale mit Basis-Dip separat servieren.

Tipp:

Aromatische Varianten erhalten Sie, wenn Sie beim Braten etwas Knoblauch dazugeben und den Dip mit gehacktem Thymian würzen.

Kartoffeln

Haben Sie möglichst frisch geerntete Kartoffeln zur Verfügung, reicht das Abschrubben der Kartoffeln; geschält zu werden brauchen diese nicht.

Kartoffeln mit Mandelmilch

2–3 Portionen

500 g Kartoffeln
2 EL Oleolux
100 g Petersilie
1 Tasse Milch
100 g Mandelblätter, geröstet
Meersalz

1. Kartoffeln sollte man grundsätzlich in der Schale kochen.

2. Die noch heißen, gepellten Kartoffeln kann man ein wenig verfeinern, indem man sie in Scheiben oder Würfel schneidet und in Oleolux mit viel fein gewiegter Petersilie auf kleiner Flamme in der Stielpfanne schwenkt.

3. Eine andere schöne Kombination ist folgende: 1 Tasse heiße Milch mit den Mandeln im Mixer oder mit dem Stabmixer pürieren und die heißen, gepellten Kartoffeln damit übergießen. Hat man zu viel Flüssigkeit, so lässt man diese bei schwacher Hitze einfach verdampfen.

Tipp:

Zerdrücken Sie die heißen, gepellten Kartoffeln und verrühren Sie diese mit der warmen Mandelmilch.

Artischocken-Kartoffel-Geröstel

1 Portion

1 große frische Artischocke
2 mittelgroße Kartoffeln
3 Esslöffel Oleolux
1 Knoblauchzehe
1 Rosmarinzweig
Zitrone
Meersalz
Pfeffer aus der Mühle

1. Die Artischocke sanft vom Stiel abbrechen und evtl. Fäden entfernen. Die Blätter bis zum Boden hin vorsichtig abschneiden. Mit einem Löffel aus dem Boden das »Gras« herauskratzen und mit etwas Zitrone abreiben (damit das Artischockenfleisch nicht braun wird).

2. Die geschälten Kartoffeln und den Artischockenboden in 2 mal 1 cm große Stücke schneiden. Die Kartoffeln in nicht zu heißem Oleolux vorsichtig anbraten, bis diese eine goldgelbe Farbe annehmen.

3. Artischockenstücke, Knoblauchzehe (halbiert) und Rosmarinzweig hinzugeben und langsam fertig garen. Eventuell mit Meersalz und Pfeffer würzen.

Tipp:

Hierzu sind der beschriebene Kräutersalat und der Basis-Dip eine tolle Vervollständigung.

Kartoffeln mit Knoblauch

2 Portionen

500 g gekochte Kartoffeln
125 g Oleolux
3 Knoblauchzehen
1/2 TL Meersalz
2 EL Milch

1. Die in der Schale gekochten Kartoffeln pellen und in kleine Stücke schneiden. In einer vorgewärmten Stielpfanne das Oleolux zum Schmelzen bringen und die zerkleinerten Knoblauchzehen darin kurz anbräunen.
2. Die Kartoffelstücke dazugeben, mit Meersalz abschmecken, vermischen und kurz vor dem Servieren die Milch hinzufügen und unterrühren. Bald danach servieren.

Tipp:

Braten Sie einige frische Kräuterzweige wie Rosmarin, Thymian oder Basilikum mit.
Die herzhafte Beilage ist ausgezeichnet zu einem Gemüse, welches nicht so stark gewürzt ist, z.B. Fenchel-, Gurkengemüse, Spinat, oder auch zu Salaten.

Kartoffel-Ratatouille

2–3 Portionen

1 rote Paprikaschote
1 gelbe Paprikaschote
1/2 kleine Zucchini
500 g kleine Kartoffeln
100 g Oleolux
2 Knoblauchzehen
1 kleine Zwiebel
Thymian
Rosmarin
Meersalz

1. Das gewaschene und geputzte Gemüse in ca. 1,5 mal 1,5 cm große Stücke schneiden. Die geschälten Kartoffeln in Spalten schneiden, in Oleolux nicht zu heiß anbraten, bis sie Farbe annehmen, und salzen.

2. Knoblauchzehen und Zwiebeln hinzufügen und erhitzen. Dann Paprika und Zucchini dazugeben, die abgezupften Zweige der Kräuter ebenfalls, das Ganze ggf. nochmals nachsalzen und vorsichtig garen.

3. Zweige herausnehmen, anrichten und mit den gehackten Kräutern bestreuen. Dazu passen besonders gut der Basis-Dip und die Varianten hiervon.

Tipp:

Haben Sie möglichst frisch geerntete Kartoffeln zur Verfügung, reicht das Abschrubben der Kartoffeln; geschält werden brauchen diese nicht. Dann weiter wie oben verfahren.
Nach Geschmack kann noch etwas Balsamico-Essig dazugegeben werden.

Desserts

»Der Mensch braucht die elektronenreichen, lebensnotwendigen Kräfte, in Samen aufgebaut aus der Energie der Sonne.«

Linufit-Vesuv

4 Portionen

200 ml Traubensaft
8 g Agar-Agar
200 ml Kirsch-Muttersaft
100 ml Rum
3–5 EL Linofit

1. Den Traubensaft bis zum Sieden erhitzen, das Agar-Agar mit dem Kirschsaft anrühren und unter ständigem Rühren zu dem siedenden Traubensaft geben. Kurz aufwallen lassen, Hitze ausschalten und den Rum unterrühren. Abkühlen lassen. Dann in ein schmales, hohes Gefäß füllen und mit dem Stabmixer aufschäumen.

2. Auf einem flachen Teller diesen Schaum mittig zu einem Berg aufgetürmt anrichten und so mit Linufit bestreuen, dass nur noch eine rosa Kuppe von unbedecktem Schaum herausragt. Bis zum Servieren kühl stellen.

Tipp:

Alternativ können Sie den Fruchtschaum auch geschichtet mit Früchten im Glas anrichten.

Weinschaumgelee

2–4 Portionen

1/4 l Traubensaft
1/4 l Weißwein
7–8 g Agar-Agar (1 Tütchen)

1. Den Traubensaft zum Sieden bringen und das Agar-Agar-Pulver mit etwas Wein verrühren. Diese Weinmischung in den Traubensaft geben, aufwallen lassen, Herd ausstellen und den restlichen Wein unter die heiße Geleemasse rühren. Bis zur Gelierung abkühlen lassen. In Glasschalen oder schöne Stielgläser füllen, und man hat den perfekten Nachtisch.

Tipp:

Es schmeckt auch besonders gut mit einer Sauce aus 3 Esslöffeln Sanddorn (ungesüßt) und 1 Tasse Traubensaft. Eine Quark-Leinöl-Creme kann ebenfalls als Sauce gereicht werden.

Linovita im Fruchtmantel

4–6 Portionen

1/4 l Traubensaft
1/4 l Kirsch-Muttersaft, Heidelbeer- oder Johannisbeersaft
7–8 g Agar-Agar
6 EL Leinöl
4 EL Milch
2 TL Honig
200–250 g Quark
Vanille

1. Für das Fruchtgelee den Traubensaft erhitzen, Agar-Agar mit dem Fruchtsaft vermischen und in den siedenden Traubensaft geben. Hitzezufuhr abschalten. Nach ca. 5 Minuten hat sich die Geleemischung geklärt und wird auf 5 Glasschälchen verteilt.

2. Im Mixer Leinöl, Milch und Honig mischen und den Quark nach und nach dazugeben; zum Schluss 1/2 Teelöffel echte Vanille unterrühren.

3. Die Quark-Leinöl-Creme nun gleichmäßig auf das halb erstarrte oder noch flüssige Fruchtgelee geben.

4. Wenn die Quark-Leinöl-Creme unter die Oberfläche sinkt, kann man diese Speise für nachmittags oder abends aufbewahren.

Tipp:
Lässt sich gut vormittags vorbereiten.

Quark-Leinöl-Creme mit Sanddornfüllung

4 Portionen

1 Tasse Leinöl (150 ml)
6–7 EL Milch
3 TL Honig
250 g Quark
5 EL Sanddornsaft (ungesüßt)
5 EL Traubensaft

1. Aus Leinöl, Milch, Honig und Quark im Mixer eine ziemlich feste Creme herstellen, ggf. etwas mehr Quark hinzufügen. Diese Creme anschließend in Schüsseln füllen.

2. Den Sanddornsaft mit dem Traubensaft mischen und in die Mitte der Creme geben, so dass diese Mischung nach unten sinkt.

3. Das Ganze ca. 15 Minuten stehen lassen, dann wird die Quark-Leinöl-Creme etwas fester.

Tipp:

Der flüssige Sanddornsaftkern wird erst beim Genuss der Speise sichtbar und bildet einen interessanten geschmacklichen Kontrast zu der milden Quark-Leinöl-Creme.

Kakifrucht-Schmaus

2 Portionen

2 Kakifrüchte
125 g Quark-Leinöl-Creme
(s. Seite 35)
Honig für eine Quark-Leinöl-Creme

1. Ganz nach Gusto die Kakifrucht von der Haut befreien, in kleine Stücke schneiden und in Glasschälchen füllen. Eine Quark-Leinöl-Creme nach dem Basisrezept zubereiten und anschließend die zweite Kakifrucht im Mixer mitpürieren.

2. Die Creme in die Schalen geben und mit einer Kakischeibe verzieren.

Verliebte Linovita in Weingelee

4 Portionen

1/4 l Traubensaft
8 g Agar-Agar
1/4 l Weißwein
4 EL Milch
8 EL Leinöl
2 TL Honig
6–10 cl Wodka, Zwetschgenwasser, Kirschwasser oder Rum

1. Den Traubensaft zum Sieden bringen, das Agar-Agar in wenig Wein verrühren und zu dem Traubensaft geben. Herd abschalten und den restlichen Wein unterrühren.

2. Nach 5 Minuten ist die Mischung klar geworden und kann auf 5 schöne Gläser verteilt werden.

3. Im Mixer wird eine Quark-Leinöl-Creme zubereitet und zum Schluss mit Wodka, Rum o.Ä. ganz nach Gusto abgeschmeckt.

4. Die Quark-Leinöl-Creme in das halbfeste Gelee geben und kühl stellen, bis es ganz erstarrt ist.

Champagner-Orangen-Sangria mit Früchten

2 Portionen

2–3 g Agar-Agar
80 ml frischer Orangensaft
120 ml Champagner/Sekt
2 EL süße Basiscreme (s. Seite 35)
105–200 g leckere Früchte nach Gusto und Jahreszeit
Minzblätter oder Zitronenmelisse als Dekoration

1. Agar-Agar mit der Hälfte des Orangensafts vermischen und vorsichtig erhitzen. In den restlichen Orangensaft rühren und bis zum leichten Gelieren abkühlen lassen. Nun den Champagner/Sekt vorsichtig unterrühren und kalt stellen.

2. Kurz vor dem Servieren das Sangria-Gelee durchschlagen und in tiefe Teller oder Glasschalen füllen. Darauf etwas süße Basiscreme anrichten und mit den Früchten und Blättern ansprechend garnieren.

Tipp:

Dazu noch ein feines Eis aus diesem Buch, und es fehlt nur noch die Sonne am Himmel. Statt des Champagners können Sie auch trockenen Sekt oder Prosecco verwenden.

Eis

Grundrezept

1 Portion

100 g Quark
3 EL Leinöl
2 EL Milch
1 EL Honig

1. Quark, Leinöl, Milch und Honig im Mixer mischen, nach Geschmack ergänzen und anschließend in flache Schalen abfüllen.

2. Im Eisschrank gefrieren lassen.

Tipp:

Rühren Sie gleich eine größere Menge Basiscreme an, und variieren Sie diese geschmacklich. In verschiedene Portionsformen gefüllt, haben Sie immer ein schnelles Dessert oder eine erfrischende Zwischenmahlzeit parat. Größere Mengen einer Sorte kann man auch gut in der Eismaschine, sofern vorhanden, zubereiten.

Allgemeines zum Eis

Die verschiedenen süßen Mischungen aus Quark-Leinöl mit Früchten oder mit Gewürzen wie Vanille, Zimt usw. lassen sich alle als Speiseeis zubereiten.
Durch den Ölgehalt wird das Eis geschmeidig, und selbst Kranke, die ein Vorurteil gegen Leinöl hegen, merken dessen Verwendung gar nicht.
Auch in herzhafter Zubereitung gibt es viele Möglichkeiten, z. B. mit Apfel und Meerrettich, mit Gurke, mit Tomate ...
Fein püriert und gefroren ist dies eine erfrischende Beilage.

Verschiedene Eiszubereitungen
1 Portion

- **Kirscheis:**
  Geben Sie 3 Esslöffel entsteinte, saftige Kirschen in die Quark-Leinöl-Creme. Im Mixer pürieren und evtl. 3 Esslöffel Kirschsaft hinzufügen.

- **mit Heidelbeeren:**
  Pürieren Sie 3 Esslöffel Heidelbeeren mit der Creme und mixen Sie zum Schluss kurz eine Handvoll Walnüsse unter (körnig lassen).

- **Honigeis:**
  Verdoppeln Sie den Honiganteil im Rezept.

- **Vanilleeis:**
  Verrühren Sie das Basisrezept mit dem Mark 1/2 Vanilleschote.

- **Zitronen-Pinienkern-Eis:**
  Geben Sie den feinen Abrieb von 1/2 Zitrone (unbehandelt) und deren Saft zu der Creme und heben Sie 1 Esslöffel geröstete Pinienkerne unter.

- **Espressoeis:**
  2 Esslöffel Instant-Espresso und zusätzlich etwas Honig verarbeiten.

- **Kürbiskern-Orangen-Eis:**
  Die abgerieben Schale und den Saft einer Bio-Orange sowie 1 Esslöffel Kürbiskernöl und 1 Teelöffel Kürbiskerne untermixen. Die Kerne nach Geschmack ganz klein mitpürieren oder körnig lassen.

- **Sanddorneis:**
  2 Esslöffel Sanddornmark (ungesüßt) hinzufügen – eine interessante Variante.

Geschmacksvarianten

- **Schokoladeneis:**
  50 g aufgelöste bittere Schokolade unterrühren.

- **Himbeereis:**
  3 Esslöffel Himbeeren mitpürieren.

- **Ihr persönliches Fruchteis:**
  Mixen Sie das Basisrezept mit Pfirsichen, Erdbeeren, Aprikosen u.v.m. und geben Sie ggf. etwas mehr Honig hinzu – je nach Frucht.

- **zur Weihnachtszeit:**
  Schmecken Sie die Basiscreme oder das Schokoladeneis doch einfach mit Zimt oder Lebkuchengewürz ab.

Papaya mit Limonencreme gefüllt

1 Portion

1/2 reife Papaya
50 g Quark
Saft und abgeriebene Schale von
1/4 Zitrone oder Limette
1 EL Leinöl
1 EL Milch
1 EL Honig
etwas Vanille
Minze oder Zitronenmelisse

1. Die halbierte Papaya mit einem Löffel von den Kernen befreien.

2. Quark, Saft, Zitronenschale, Leinöl, Milch, Honig und ggf. Vanille miteinander verrühren und in die Papaya füllen. Mit etwas Minze oder Zitronenmelisse garnieren.

3. Als Ergänzung können Sie gehackte, geröstete Nüsse, Pinienkerne oder Kürbiskerne über die Creme streuen.

Tipp:

Probieren Sie einmal alternativ eine halbe Cavaillon- oder Netzmelone statt Papaya.

Rohes Apfel-Fenchelhonig-Kompott

1 Portion

2 mildsaure Äpfel
etwas Zitronensaft
2 EL Fenchelhonig
1–2 EL Leinöl

Die Äpfel schälen, grob raspeln und mit dem Zitronensaft mischen. Fenchelhonig mit Leinöl verrühren und mit den Apfelraspeln vermengen.

Tipp:
Als Zugabe zu Eis oder als eigenständige süße Mahlzeit zu verwenden. Streuen Sie auch einmal geröstete Nüsse oder Pinienkerne oder etwas Linufit darüber.

Apfelmus, roh

1 Portion

wahlweise:
Apfelsaft, Quittensaft, Traubensaft oder Kirsch-Muttersaft
1–1 1/2 Äpfel, geschält und in Stücke geschnitten

1. In das Mixgefäß 1 Tasse Saft füllen und während des Mixens die Apfelstücke nach und nach dazugeben.
2. Das rohe Apfelmus ist in dieser speziellen Form äußerst bekömmlich, auch für Schwerkranke. Es kann in Verbindung mit Buchweizengrütze oder auch Kartoffelpuffern bzw. Kartoffelpüree verwendet werden.

Rote Grütze aus Buchweizen

6–8 Portionen

1 Tasse Buchweizengrütze
3 Tassen Wasser
1 Tasse Schwarze Johannisbeeren
1 Tasse Rote Johannisbeeren

1. Die Buchweizengrütze wird, wie im Basisrezept angegeben, durch Quellen in Wasser bei geringer Hitzezufuhr zu einem festen Brei gegart. In den heißen Brei die rohen Beeren geben und in eine vorgekühlte Schüssel füllen; kalt stellen.

2. Diese mit den Beeren durchsetzte Grütze schmeckt ausgezeichnet als rote Grütze.

Variante

Anstelle von Wasser kann man auch eine Mischung aus Trauben- und Johannisbeer-Muttersaft verwenden.

Beilage

Dazu eignet sich eine Quark-Leinöl-Creme als farblicher und geschmacklicher Kontrast sehr gut. Diese sollte mit Vanille oder Dessertwein, Kirsch- oder Zwetschgenwasser abgeschmeckt werden und von guter cremiger Konsistenz sein.

Tipp:

Als fruchtiger und farblicher Kontrast kann man auch kleine Mangowürfel unter die fertige Grütze heben.

Vollkorn-Milchreis

4 Portionen

1 Tasse Vollkornreis (Rundkornreis)
1/2 l Milch
1 Vanillestange
1 Prise Meersalz
evtl. Honig zum Süßen

1. Den Reis mit einer Tasse voll kaltem Wasser aufsetzen und erhitzen, bis das Wasser von dem Reis aufgenommen wurde.

2. Nun die Milch hinzugeben, erhitzen und bei kleiner Hitze gar ziehen lassen. Häufiger umrühren und nach ca. 20 Minuten die längs halbierte Vanillestange sowie 1 Prise Meersalz zugeben. Gegebenenfalls Wasser oder Milch nachgießen, falls der Reis zu fest wird.

Variante

Als Geschmacksvariante rühren Sie einfach verschiedene Beeren unter die leicht abgekühlte Milchreisspeise. Auch eine tolle, leicht bekömmliche Zwischenmahlzeit – kalt oder warm.

Tipp:

Sie verkürzen die Kochzeit, wenn Sie den Reis 1 Stunde vorher einweichen. Als Früchte können Sie problemlos auch gefrorenes Obst verwenden.

Honig-Crème-brûlée »Kleine Sünde«

2–3 Portionen

1 Vanillestange
150 g Sahne
50 ml Milch
Prise Salz
5 Eigelb
3–5 EL Honig
1–2 TL Puderzucker

1. Die Vanillestange längs halbieren und auskratzen. Sahne, Milch und Salz mit der Vanillestange und dem Mark erhitzen. Eigelb und Honig mischen und unter die heiße Vanille-Sahne rühren. Durch ein Sieb abseihen und in feuerfeste Form oder Formen füllen.

2. Anschließend im Backofen bei 100 °C ca. 20 Minuten stocken lassen, bis die Masse in den Formen fest ist. Bis hierher kann man dieses Dessert gut vorbereiten.

3. Kurz vor dem Servieren den Puderzucker durch ein Sieb auf die Crème-brûlée sieben und bei starker Oberhitze im Backofen karamellisieren.

Tipp:

Dieses Dessert ist eine kleine Sünde – doch es lohnt sich. Zum Abwandeln können Sie noch Mandeln unter die Masse rühren oder Zimt statt Vanille verwenden; zur Weihnachtszeit ergänzt durch Lebkuchengewürz.

Fruchtsauce Dr. Johanna Budwig Klassik

6 Portionen

1/4 l Traubensaft
3 g Agar-Agar
1/4 l Kirsch-Muttersaft oder Johannisbeersaft oder Heidelbeer-Muttersaft

1. Den Traubensaft erhitzen, das Agar-Agar mit einem Teil des Muttersafts mischen und in den siedenden Traubensaft geben. Kurz aufwallen lassen und nach und nach den Rest des Muttersafts unterrühren.

2. Kühl stellen.

Tipp:

Geschmacklich verändern lässt sich die Fruchtsauce sehr gut mit 1 Esslöffel Rum.
Diese Fruchtsauce eignet sich als Zugabe zu süßen Quark-Leinöl-Cremes, zu Bananencreme und Vanillecreme – auch zu Buchweizengrütze.

Bananen-Powerdrink

1 Portion

1 reife Banane
1 EL Sanddornsaft, ungesüßt
1 TL Honig nach Geschmack
1 EL Joghurt
1 EL Quark
1 EL Leinöl

Alle Zutaten im Becher mit dem Stabmixer pürieren und – schon fertig.

Tipp:

Schmeckt auch lecker mit etwas Zimt und eignet sich auch gut als Sauce zu frischen Früchten oder Kompott oder einfach zusammen mit gerösteten Vollkornbrotbröseln.

Danksagung

Besonderen Dank für die Geduld und Unterstützung meiner Arbeit sage ich meiner Frau Dorte und meinen Kindern Alexander, Philip, Thorsten, Armin-Felix, Constantin, Malte und Nele.

Die Zeit für meine Familie war während der Vorarbeiten zum eigentlich recht überschaubaren Kochbuch geprägt von wochenlangen abendlichen Recherchen zum Thema Dr. Johanna Budwig. Damit blieb nur wenig Zeit für die Familie.

Danke auch Herrn Prof. Dr. Butte, der mir mit viel Aufmerksamkeit und Rat begegnet ist.

Helmut Jordan, unabdingbar für jeden organisatorischen Inhalt, hat mir immer wieder Mut gemacht, indem er mir zu verstehen gab, an die Sache Dr. Budwig fest zu glauben. Übrigens war er der Erste, der die Öl-Eiweiß-Kost umgesetzt hatte, noch bevor das erste Rezept gedruckt war.

Aber ohne meinen Lieblingskoch Carsten Kindermann, der mit viel Professionalität und Gefühl die Regeln des Budwig-Kochkonzepts in Essbares umgesetzt hat, wäre dieses Buch nicht zustande gekommen.

Armin Grunewald
Oldenburg, im Frühjahr 2008

Die offizielle Seite zu Dr. Johanna Budwig:
www.dr-johanna-budwig.de

Das Original:
Dr. Budwig's Bestes

Die Öle sind zurück! Gesund und wohlschmeckend und mit dem schonenden Original-Pressverfahren von Dr. Johanna Budwig hergestellt: Dr. Budwig's Bestes.

Dr. Budwig's Bestes Leinöl

Zu 100 Prozent aus biologisch angebauten Leinsamen besteht Dr. Budwig's Bestes Leinöl. Es ist kaltgepresst, ungefiltert und damit naturtrüb. Das Öl ist die natürliche Quelle von Omega-3-Fettsäuren und – mit seinem leckeren Walnussaroma – die Grundlage für die gesunde Öl-Eiweiß-Kost.

Dr. Budwig's Bestes Leinöl mit Lignan

Ein wunderbar herb nussiger Geschmack zeichnet Dr. Budwig's Bestes Leinöl mit Lignan aus. Es ist darüber hinaus besonders reich an Leinsamenpartikeln und wertvollen Lignanen. Diese Lignane – das weisen aktuelle Studien nach – üben eine positive Wirkung auf das menschliche Herz-Kreislauf-System aus.

Dr. Budwig's Bestes Leinöl Omega Balance

Neben Omega-3 ist Dr. Budwig's Bestes Leinöl Omega Balance auch besonders reich an Omega-6 und -9. Diese Meistermischung mit reinstem Fisch- und Borretschöl enthält damit nicht nur die ganze Bandbreite an essenziellen Fettsäuren, sondern besticht auch noch mit einem wunderbar frischen Zitronengeschmack.

Dr. Budwig's Bestes Linufit

Dr. Budwig's Bestes Linufit ist frische und kaltgemahlene Leinsaat – zu 100 Prozent aus biologischem Anbau und besonders reich an Linol- und Linolensäure sowie Ballaststoffen, Lignanen und Phytohormonen. Damit eignet es sich exzellent zur Senkung des Blutzuckerspiegels und zur Förderung einer gesunden Verdauung.

Fünfmal Gold für Dr. Budwig's Bestes Leinöl

- Die Zahlen: 57,3 Prozent beträgt der Anteil der dreifach ungesättigten Omega-3-Fettsäure in Dr. Budwig's Bestes Leinöl. Zum Vergleich: Der Prozentsatz in Rapsöl beträgt 6,9 Prozent, in Olivenöl 0,6 Prozent und in Sonnenblumenöl exakt 0,0 Prozent.

- Die Bio-Herkunft: Die zur Ölproduktion verwendeten Leinsamen stammen zu 100 Prozent von langjährigen Bio-Farmern aus Kanada und den USA.

- Das Original-Pressverfahren: Die Öle von Dr. Budwig's Bestes werden in der gleichen Ölmühle hergestellt, mit der Dr. Johanna Budwig bereits im letzten Jahrhundert zusammenarbeitete. Das schonende Verfahren führt auch heute noch zu den besten geschmacklichen und qualitativen Ergebnissen bei der Leinölherstellung

- Die Sorgfalt: Das im Leinsamen enthaltene Omega-3 ist sehr gesund, aber auch sehr empfindlich. Daher werden die Samen für Dr. Budwig's Bestes nur unter Ausschluss von Licht und Sauerstoff gepresst, das Öl in komplett lichtundurchlässige Flaschen gefüllt. Regelmäßige Laborkontrollen garantieren eine gleichbleibend hohe Qualität.

- Die Zutaten: Verwendet werden nur beste Zutaten – so enthält beispielsweise Dr. Budwig's Bestes Omega Balance die Fischöle EPA und DHA, die nur aus frischem Pazifikdorsch gewonnen werden.

Mit einer Dr. Johanna Budwig-Stiftung wollen wir in Zukunft die Fettforschung in Deutschland stärken und unabhängige wissenschaftliche Arbeiten in diesem Bereich unterstützen. Alle weiteren Informationen zur Stiftung und zu den Produkten unter

www.dr-johanna-budwig.de

Register

Impressum

Wichtiger Hinweis
Die im Buch veröffentlichten Ratschläge wurden von Dr. Armin Grunewald und dem Verlag mit größter Sorgfalt erarbeitet und geprüft. Eine Garantie kann jedoch nicht übernommen werden. Ebenso ist eine Haftung des Verfassers bzw. Verlags und seiner Beauftragten für Personen-, Sach- oder Vermögensschäden ausgeschlossen.

Die Folie des Schutzumschlags sowie die Einschweißfolie
sind PE-Folien und biologisch abbaubar.
Dieses Buch wurde auf chlor- und säurefreiem Papier gedruckt.

Besuchen Sie uns im Internet: www.droemer-knaur.de
Alle Titel aus dem Bereich MensSana finden Sie im Internet unter
www.knaur-mens-sana.de

Originalausgabe

Umschlaggestaltung: ZERO Werbeagentur, München
Umschlagabbildung:
Rezepte: Carsten Kindermann
Fotos: DIN 21
Layout und Satz: griesbeckdesign, München
Herstellung: Dagmar Guhl
Repro: Repro Ludwig, A-Zell am See
Druck und Bindung: Firmengruppe APPL, aprinta druck, Wemding
Printed in Germany
ISBN 978-3-426-65612-9

2 4 5 3 1